中世纪谜题

[英] 蒂姆·德都普鲁斯◎著　张帆◎译

专供版

哈尔滨出版社
HARBIN PUBLISHING HOUSE

黑版贸审字08-2018-046号

图书在版编目（CIP）数据

中世纪谜题：专供版 /（英）蒂姆·德都普鲁斯（Tim Dedopulos）著；张帆译. — 哈尔滨：哈尔滨出版社, 2019.6

书名原文：The Book of Medieval Puzzles

ISBN 978-7-5484-4149-6

Ⅰ. ①中… Ⅱ. ①蒂… ②张… Ⅲ. ①智力游戏 Ⅳ. ①G898.2

中国版本图书馆CIP数据核字(2018)第157325号

THE BOOK OF MEDIEVAL PUZZLES By
TIM DEDOPULOS
Copyright: ©2013
This edition arranged with CARLTON BOOKS
through Big Apple Agency, Inc., Labuan, Malaysia.
Simplified Chinese edition copyright: HARBIN PUBLISHING HOUSE
All rights reserved.

书　　名：	中世纪谜题：专供版
	ZHONGSHIJI MITI：ZHUAN GONG BAN
作　　者：	[英] 蒂姆·德都普鲁斯 著
译　　者：	张　帆
责任编辑：	杨浥新　李维娜
责任审校：	李　战
封面设计：	末末美书
出版发行：	哈尔滨出版社（Harbin Publishing House）
社　　址：	哈尔滨市松北区世坤路738号9号楼　邮编：150028
经　　销：	全国新华书店
印　　刷：	中华商务联合印刷（广东）有限公司
网　　址：	www.hrbcbs.com　　www.mifengniao.com
E-mail：	hrbcbs@yeah.net
编辑版权热线：	（0451）87900271　87900272
销售热线：	（0451）87900202　87900203
邮购热线：	4006900345　（0451）87900256
开　　本：	889mm×1194mm　1/16　印张：18　字数：144千字
版　　次：	2019年6月第1版
印　　次：	2019年6月第1次印刷
书　　号：	ISBN 978-7-5484-4149-6
定　　价：	108.00元

凡购本社图书发现印装错误，请与本社印制部联系调换。

服务热线：（0451）87900278

中世纪谜题

[英] 蒂姆·德都普鲁斯 ◎ 著　张帆 ◎ 译

哈尔滨出版社
HARBIN PUBLISHING HOUSE

目录

前言　　　　8

简单谜题

巴塞罗那		11 纵横图	32
智者		12 配对	33
阿尔昆		13 铁匠	34
三个船夫		14 梅与琼	35
横梁		15 佛罗伦萨	36
均值		16 圣殿骑士的密码	37
滚酒桶		17 差之毫厘	38
傻瓜		18 锯木板	39
胡言乱语		19 绝无仅有	40
指出不同之处		20 早间问候	41
一本正经的工作餐		22 馊牛奶	42
马德里的石匠		23 配对	43
臭水		24 奇怪的图案	44
寿星小子		25 马雷克	45
玫瑰花圃		26 慧眼	46
盯脑袋		27 优质白兰地	47
赶牛		28 伯爵大人	48
手稿彩饰		29 百年战争	49
口袋		30 猎人	50
村中逸事		31 丑事恶行	51

进阶谜题

三个狱卒	53	运算符	75
排列玫瑰	54	凯西	76
螺旋花园	55	猴戏	77
猪展	56	一成不变	78
三个方块	57	阿罕布拉	79
居高临下	58	麦森	80
眼见为虚	59	老汤姆	81
里亚尔	60	称重	82
种土豆	61	抢劫	83
发现不同之处	62	信使	84
黑或白	64	配对	85
数学家石匠	65	放债人	86
平衡	66	为了奶酪	87
酒罐	67	传令官	88
在诺福克郡	68	巫术	89
浮桶	69	年龄	90
猎手之矛	70	双连画	91
无礼的伊万	71	不过是马车而已	92
发现不同之处	72	庭院	93
格伦瓦尔德之战	74		

棘手谜题

分餐	95
樵夫之子	96
四方院子	97
数字招魂术	98
迷宫	99
纽伦堡	100
圣殿骑士的宝藏	101
酒桶	102
囚犯	103
法国的大麻烦	104
影子	105
古董交易	106
弹球	107
爱丽丝	108
朗姆酒生意	109
了不得的图案	110
交叉线	111
刺绣	112
到时间了	113
百年战争	114
兔子快跑	115
玫瑰之谜	116
沙菲尔	117
在路上	118
称重	119
马尔莫一家	120
分秒必争	121
卡恩	122
孤注一掷	123
指出不同之处	124
谁动了我的心脏	126
巡逻的骑士	127
成捆的芦笋	128
三方桥	129
威尼斯商人	130
人丁兴旺	131
身陷囹圄的王后	132
重量平衡	133
数炮弹	134

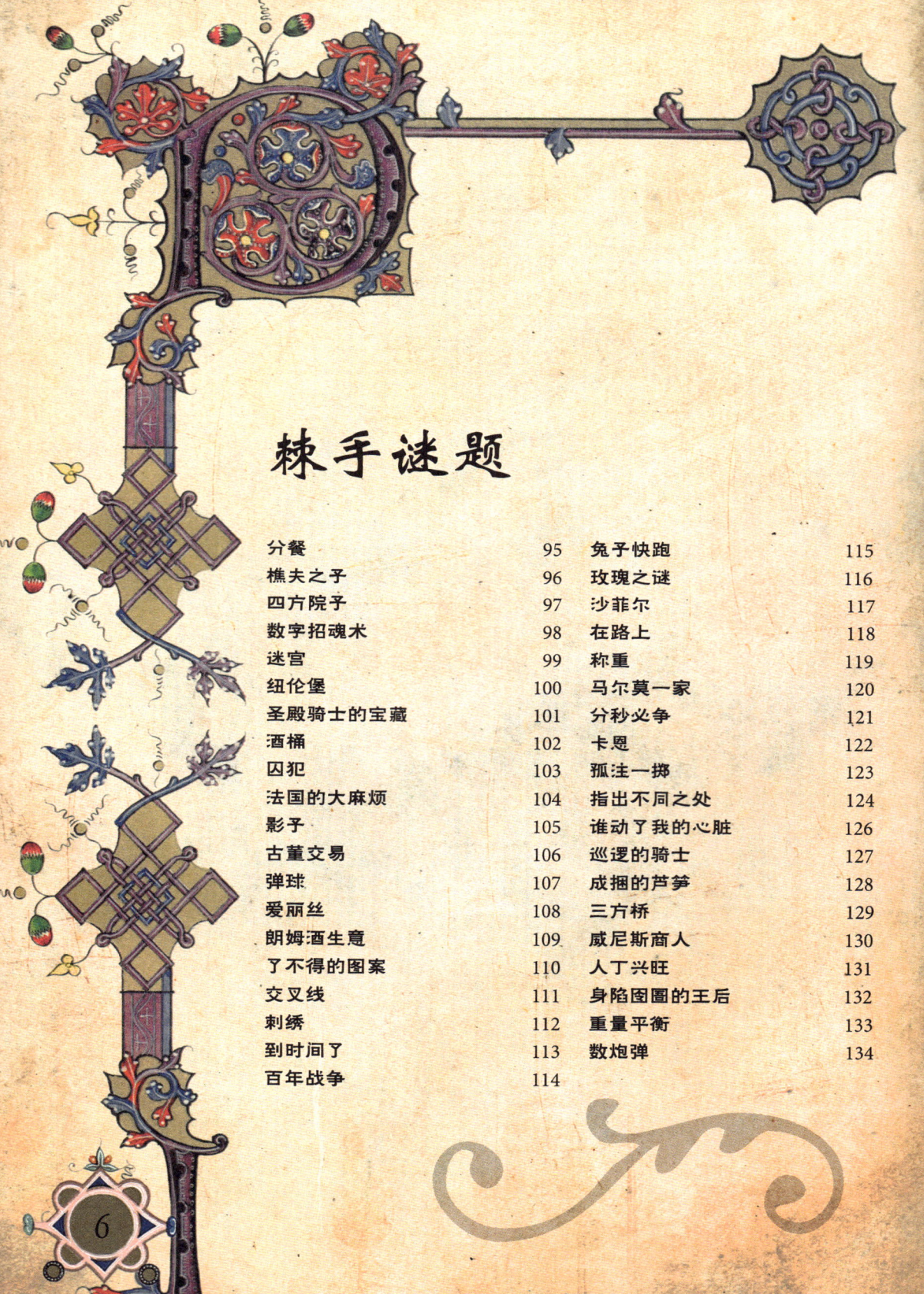

高手谜题

逃窜的公鸡	136	灯油危机	157
情侣	137	多明我会的修士	158
种玫瑰	138	鲁伯特正方形	159
披巾之争	139	阿尔哈萨德	160
总督的彩方	140	学以致用	161
曲径花园	141	稀奇古怪	162
马车夫	142	布莱克·罗伯	163
填空	143	色子	164
万年历	144	数学家石匠	165
配对	145	指出不同之处	166
托莱多	146	行家里手	168
数学神话	147	分面包	169
里斯	148	流浪儿	170
摆弄筹码	149	计重秤	171
纵横图	150	多金	172
棋逢对手	151	走兽	173
箱子	152	三联画	174
毛巾	153	地下室	175
配对	154	巴拉斯	176
历史的迷雾	156	谨慎的多尔多涅人	177

答案 178

前言

　　世界每时每刻都在不停地变化,越来越多的人在采用佛罗伦萨式的做事方式,给世界带来了翻天覆地的变化,令眼前本来熟悉的事物看起来恍若隔世。也许这是再正常不过的事情了,因为人类本性抚今怀昔,总是会以畏惧的眼光看待未来。如果真是如此,那么我的惆怅根本就不值得大惊小怪。命运的大潮不断袭来,以摧枯拉朽之势带走所经之处的一切事物,所以我根本就无法说出,待浪潮退却之后,世间将会是何等光景。尽管如此,我想顽皮的猫儿肯定会在其中扮演一个小小的角色吧!

　　所以,此时此刻,我认为自己肩负着重要的任务,必须将正在消逝的事物记录在案。任务的艰巨显而易见,如果妄想包罗万象,最终肯定会一事无成,只会给后人留下狂妄自大的印象。我个人最感兴趣的是考验脑力的游戏,既包括检验思维敏捷度的挑战,又有测试智力、智慧和洞察力的难题,还有严谨的数学推理和亚里士多德在《工具论》中展现的严丝合缝的逻辑过程,所以我将把全部的精力都用于记录上述领域的成果。

　　本书的内容包罗万象,既有引人入胜的谜题,又有其他各个种类的问题。虽然今天文明的触手已经遍布全世界,但文明世界周围仍然聚集着许多看似野蛮的人,而实际情况却是,他们只不过是在"文明人"眼中看起来太过奇异罢了,因此如果对他们天生拥有的智慧嗤之以鼻,最终肯定会令你自取其辱。妙趣横生的谜题总是会在令人意想不到的地方冒出来。在编写本书的过程中,我竭尽所能地收集了各种资料,因此自认为书中收集的谜题涉猎广泛,可以充分调动脑力,让读者享受其中的乐趣。一些谜题不是考验算术能力,就是检验几何眼光;还有一些不是测验逻辑推理能力,就是挑战洞察力;还有极小的一部分则与日常生活息息相关。但不管何种类型的谜题,我的初衷都是能让读者们有所收获。

　　如果对未来做出乐观的预测的话,我想我至少不能否认的是,本书有一定的可能性会流传至后世。时光的流逝就像是河流终点无法逃脱的瀑布,任何事物都难免遭到跌落时造成的撕扯,最后在变得面目全非后消失得无影无踪,整个过程变化无常,根本无法预知。所以说,亲爱的读者,我压根儿就不知道这本书最终会出现在什么人的手中,虽然很有可能是与我亲近之人,但本书也有可能会在万古之后才会得见天日,而作为读者的你的形态,可能在我眼中都不能被认为拥有意识。尽管我觉得十有八九会是前一种情况,但为了避免读者因为不能与我直接交谈而陷入迷茫困惑,我虽然十分愚笨,也尽可能地做到令每一道谜题都简单

明了。同样，我也竭尽所能地令每道谜题的解答都详尽透彻。所以说，不管是出现了令人困惑的地方，还是发生了谬误，那原因只可能是因为我过于愚钝，只能在此求得大家的原谅。

　　无论是收藏家，还是图书管理员，心里肯定都很明白，任何一组事物都有多到数不清的分类方法。我将本书中的谜题按照挑战的难易程度进行了分类，分类的结果至少在我看来是合理的。当然了，世界上没有完全一样的大脑，一件事情，对一个人来说很容易，但对另一个人来说，哪怕两人的脑力毫无差别，也有可能会显得艰深晦涩。虽然我只能以自己的脑子作为评判标准，但不管是与按地点，还是与按字母顺序排序相比，我都认为按难度排序有明显的优点，这样可以让书中的内容遥相呼应，至少在我眼中增加了趣味性。我由衷希望这样的编写方式也能令各位读者体会到更大的乐趣。

　　世界正处在巨变的边缘，马上就会沧海桑田、面目全非，所以在此时，我要为本书的读者——各位熟悉的陌生人留下这样一段话：要坚信人文精神。没错，光阴似箭，但却也没达到令片刻的休闲变成弥天大罪的程度。人类已经拥有了漫长的历史，所以文明肯定不会戛然而止，而是会不断前行，去往美妙无比的未来。

笔者按

　　在编写本书的过程中，我对待历史的态度就像喜鹊收集闪亮物件那样，选取了包括人名、地名在内的许多闪亮的历史片断，用它们编织出了书中的谜题。换言之，各位读者在阅读本书时，请一定要铭记，虽然书中的叙述煞有介事，但都只不过是我东拼西凑得来的结果。在这里，我为此深表歉意，也希望大家能够从谜题中获得乐趣。

蒂姆·德都普鲁斯

2012年10月

简单谜题

巴塞罗那

　　巴塞罗那伯爵的总管身材瘦小，是一个有些神经质的人，现在他看起来有些坐立不安，嘴里不停地念叨着："啊，天哪，这根本就不可能！这完全办不到啊！"

　　"出什么事情了呢？"总管的助手早已习惯了上司的脾性，虽然说话时尽量保持心平气和，但举手投足间却露出了满不在乎的神情。

　　"伯爵大人今天晚上要举行一场小型私人晚宴，绝对不允许出现任何差错，但礼仪方面的安排着实叫人摸不到头脑。"

　　"那么都有谁受到了邀请呢？"助手问道，"事情肯定不会像您说的那样棘手的。"

　　"啊，我的天哪！伯爵大人邀请了他父亲的连襟、他兄弟的岳丈、他父亲的兄弟、他连襟的父亲。"

　　"这就是说一共会有五个人，"助手说，"根据宾客的长幼尊卑做出谨慎的安排，我觉得也没什么叫人望而却步的地方啊。"

　　"哎呀，才不是像你想的那样，"总管手足无措地说，"要真是这样就好办了！五位客人是人数最多的情形，而伯爵大人的宴会却是人数最少的情形！"

问题

助手一脸疑惑地看着总管："那到底有多少位客人呢？"

答案见179页

智者

　　古老的传说指出，除非领主聘用特定数量的智者，否则其治下的城镇就会灾难连连。不幸的是，不仅规定智者人数的言语含混不清，智者相互间还绝对不会就世界上的任何问题形成一致意见。即便是和他们说声"早上好"，也会引发数小时的唇枪舌剑。所以说，想让智者决定他们中有多少人可以告老还乡，但却不会引发任何灾难，简直就是天方夜谭。

　　传说明确指出："领主身边必须时时刻刻有智者相伴，一旦出现差错，领地就会受到饥荒和瘟疫的侵袭。智者的数量必须达到能够使其运用各种观察方法来让所有的不测事件无处遁形，从而守卫领地的安全。所以说，必须要有七位双目皆盲的智者，防备明眼人无法察觉的危险；要有两位单目失明的智者，防备藏匿于光影之间的风险；要有四位视力健全的智者，能够清楚地观察到眼前的危险；最后还要有九位能够以一目视物的智者，保证明辨是非。"

问题

领主必须至少聘用多少智者，才能满足传说中提出的要求？

答案见179页

阿尔昆

阿尔昆是马穆提修道院的院长,十分喜欢智力挑战,是远近闻名的学者和导师。一天下午,他把学生叫到办公室,指着五个印有数字的口袋,他告诉学生每个口袋里面都装有一些谷物。

"注意听好了,"院长说,"每个口袋里谷物的重量都不一样。一号和二号加起来重12磅,二号和三号加起来重13.5磅,三号和四号加起来重11.5磅,四号和五号加起来重8磅。最后一条十分有用的线索是,一号、三号和五号的重量共16磅。

 问题

每个口袋分别有多重?

答案见179页

三个船夫

圣马克盆地一座小码头的船老板遇到了一个十分棘手的难题：一些码头设备遭窃，但证人们却都各执一词，虽然有一个人所言非虚，但船老板却无法分辨其中的是非曲直。

如果去掉争辩时的手舞足蹈和不堪言语，三位作为证人的船夫提供的证言可归纳为：

阿里戈："本奇在撒谎。"

本奇："奇波拉在撒谎。"

奇波拉："除了我，其他两人都没说实话。"

 问题

船老板应该相信谁的话？

答案见180页

横梁

　　一位建筑师在修建小教堂时遇到了难题，他发现自己必须保证横梁受力均衡，因为一旦出现任何偏差，教堂顶棚和拱顶的重量就不能均匀分配，势必在未来造成不幸事件。

　　下面的简图总结了建筑师面临的难题：承重横梁必须承载平衡点两侧的重量，但两个受力点与平衡点的距离却存在差异。图中黄绿相间的方块长度相等，各位读者在解答的时候可以认为横梁、连杆及旋转点不仅均为刚性，重量也均可忽略。

问题

如果左侧的负重为14英担，那么要保证横梁受力均衡，右侧的负重应当是多少？

答案见180页

均值

数字"4"在数世纪以来一直都令神学家如痴如醉。数个亚洲文明都认为"4"是会带来极端噩运的数字,因为其读音与"死"的读音相似。

"4"在数学上也算得上是一个"怪胎",因为不仅2+2的结果是4,2×2的结果也是4。虽然"4"是唯一一个既可以通过同数相加,又可以通过同数相乘得到的数字,但却有许多数字既可以由一对不同数相加,又可以由这一对不同数相乘得到。

问题
你能说出一对相加和相乘结果都是4.5的数字吗?

答案见180页

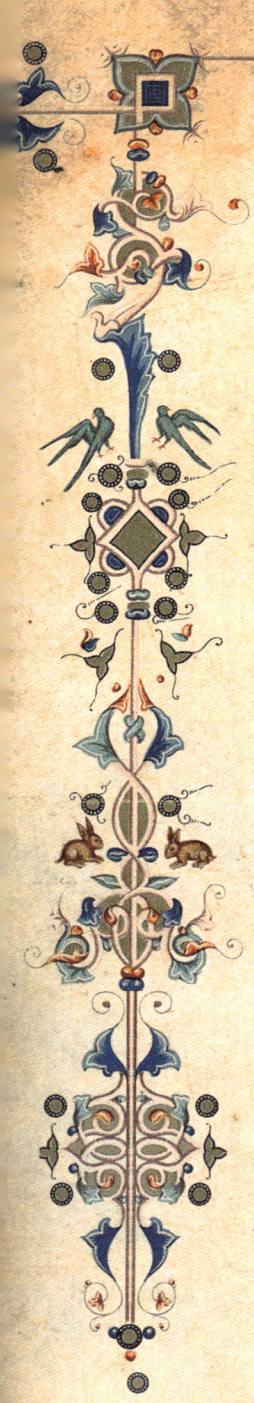

滚酒桶

"我要交给你一个最重要的任务,"客栈老板对新来的酒窖帮工说道,"就是算清楚客栈还有多少桶麦芽啤酒和葡萄酒。"说着便指向沿着酒窖一侧墙壁成排堆放的高大橡木桶:"一旦有酒桶的酒量只剩下了一半,你就必须通知我,让我有时间准备进货。但我可要事先说明白,我可不想让你拿着不干不净的木棍搅和我的啤酒!我只准你掀开盖子看看酒桶里面的情况,绝对不能碰我的酒。啊,别摆出一副愁眉苦脸的样子,小伙子,只不过是看看酒是不是只剩下了一半,这也并没什么难度吧?"

问题

如果按照老板的要求,不能借助任何测量工具,酒桶里还没有任何标度,只能靠肉眼观察,你能想出什么样的办法来分辨酒桶中的酒只剩一半?

答案见181页

傻瓜

惠特彻奇住着一个相当有名气的傻瓜，他在该地出名的原因是他对硬币价值的认知完全异于常人：不管谁拿出两枚硬币叫他挑选，这傻瓜无一例外地都会拿走面值小的那枚，然后手舞足蹈地走开，根本就不知道自己选错了。

一位教士对此感到十分困惑，十分想知道为什么这傻子每次都会选错，于是便选择了不同种类的硬币组合（既包括不同的大小，又包括不同的铸造年代，甚至连硬币的反光度都没放过）测试他。虽然这可怜的家伙看起来根本就对硬币的价值一无所知，但不知道为什么，却无一例外地会拿走面值小的那枚。最后，教士得出了结论，他认为傻瓜在做出选择时，硬币的重量、厚度、直径、颜色、光泽甚至铸造年代都不会对他造成任何影响，他只是会毫不犹豫地拿走面值更小的那枚，但这肯定也不会是因为糟糕透了的运气。

问题

为什么这傻瓜每次都会拿走面值小的硬币呢？

答案见 181 页

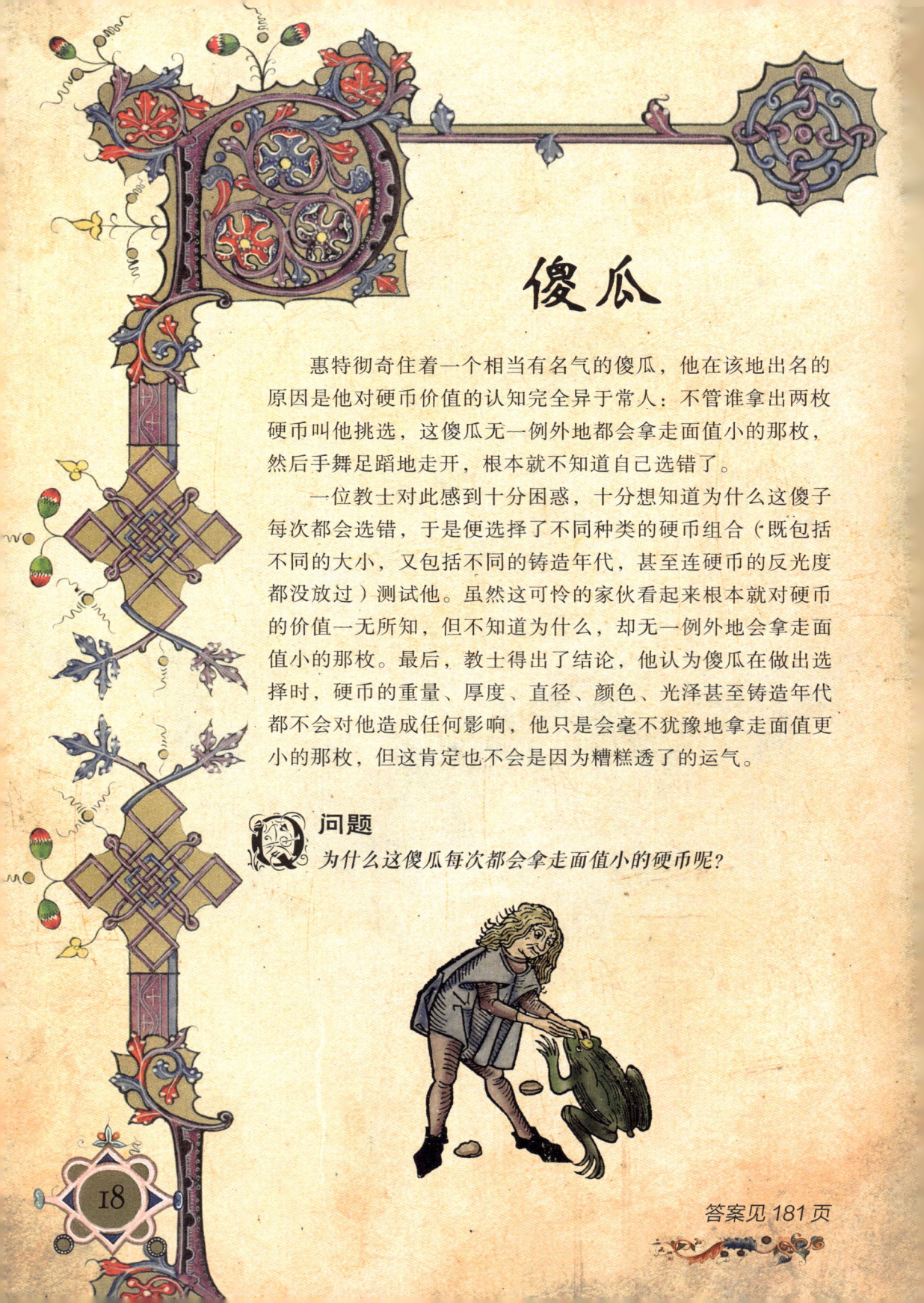

胡言乱语

我醒着的时候从不主动说话，
但只要一开口就会让绝大多数人高兴不已；
虽然我说话时不用舌头，
但却能令男女老少都高兴惬意。
没有什么东西能让我口齿不清，
除非周围太过嘈杂；
因为那样我就会胡言乱语，
像极了巴别塔上的不幸劳工。
我既能像山羊一样咩咩叫，
也能像春天的鸟一样婉转地歌唱。
要是为爱断肠的吟游诗人借曲消愁，
那么我也会与其一起扼腕叹息。
要是热恋之人欢欣雀跃，
那么我就会与其一起欢声笑语。 
虽然我是一位优雅的女士，但却能发出浑厚的声音，
一旦有人敲锣打鼓，我的声音就会变得最为洪亮；
那时我就会鼓乐喧天，
决不会在鼓吹喧阗中败下阵来。
我十分害怕自己像失宠的朝臣一样，
因为我对窃窃私语恨之入骨，
仅仅是低声密谈就会令我死于非命。

 问题
我是什么？

答案见181页

指出不同之处

本题中的两张图有10处不同的地方，你能把它们都找出来吗？

答案见182页

一本正经的工作餐

　　修道院院长阿尔昆不仅十分注重公平,还很有数学头脑。一天,院长雇来了五位劳工为修道院砌墙,在为大家分配工作餐时,院长提出每个人的餐点必须完全相同。

　　对绝大多数食物来说,院长的要求并不算难实现,但分配面包却成了一道难题:虽然有五个人,但工作餐却只有三个圆面包,而且难上加难的是,除了必须保证绝对公平,让每个人分得面包片的大小和数量完全一致,还要保证每个人分得的面包片不能重样,免得败了大家吃饭的兴致。

问题

如果要在满足院长要求的同时,保证分配尽可能简单,你认为应当如何分配面包?

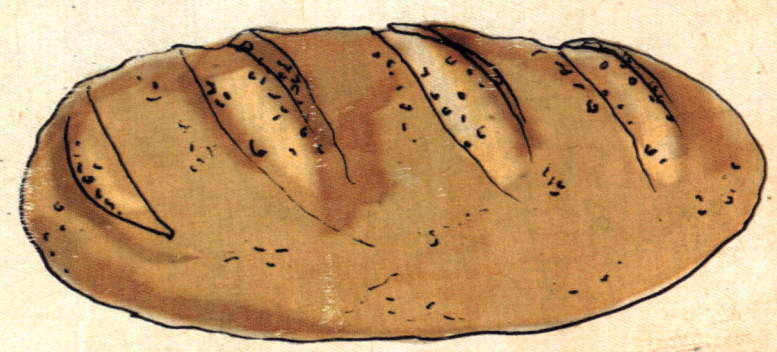

答案见183页

马德里的石匠

西班牙城市马德里有一位石匠,不仅很有进取心,还对数学很感兴趣。他在一口井的压顶石上刻下了如下图案。

当被人问及时,石匠只说图案不可否认地蕴含着某种逻辑关系,但并不完整,因为自己想要将其作为挑战,留给他人解答。

问题
图案中缺失的符号应当是怎样的?

答案见183页

臭水

　　一位赫罗纳的制革匠对自己必须用"粪水"浸泡皮革十分介意,他想出了各种各样的方法来减少用量。一天,制革匠突然灵光一现,想出了好主意:只要将皮革裹到粗粗的木棍上,将其连同木棍一起浸入,就可以减少"粪水"的使用。

　　"如果真要这么做的话,"制革匠自言自语道,"我就要先准备一个用来盛'粪水'的圆桶,假设每英尺高度的容量是一加仑;然后就是木棍,假设每英尺高度的体积是半加仑,而且还不能太沉了。做好准备工作后,就可以开始用皮革包裹木棍,在包裹到四英尺高后,就可以把木棍浸到'粪水'中去了。嗯,四英尺木棍的体积相当于两加仑,所以说圆桶要留出两英尺的空余高度,但因为水位上升而被淹没的木棍也会占据空间,相当于还需要增加圆桶的高度来容纳多出来的一加仑'粪水',但这又会浸没另一节木棍,如此循环往复……仁慈的上帝啊!这岂不是没完没了了!这样下去我的作坊可就要被臭水冲走了!"

问题
制革匠的担心有道理吗?

答案见 184 页

寿星小子

　　一位商人在去维斯马城的路上经过温顿多夫村，于是便决定在村子里的旅店中歇息一夜。商人刚刚在炉火旁暖和了一会儿，就有一个当地人向他走来。

　　"你看起来像是个聪明绝顶的家伙，"那人说道，"看到了吗？那边那人是我的朋友库尔特，你要是能说出他年龄的奥秘，我们每个人都会请你喝一杯，但如果你失败了，就要请我们每个人喝一杯。怎么样，敢试试吗？"

　　商人觉得这挑战挺有意思，便答应了下来。

　　"情况是这样的，"搭讪的当地人说道，"库尔特在两天前是34岁，但到明年他就要满37周岁了。上帝作证，我所说的话句句属实。所以说，库尔特的年龄到底是怎么回事呢？"

 问题
商人应当如何回答？

答案见 **184** 页

玫瑰花圃

　　一位园丁买来了9株玫瑰花，不仅想要纪念自己与妻子长达9年的幸福婚姻，还要庆祝夫妻俩生育了8个子女。园丁想出了个好主意。

 问题
园丁要怎样种植，才能让玫瑰花排成八行，每行都有3朵？

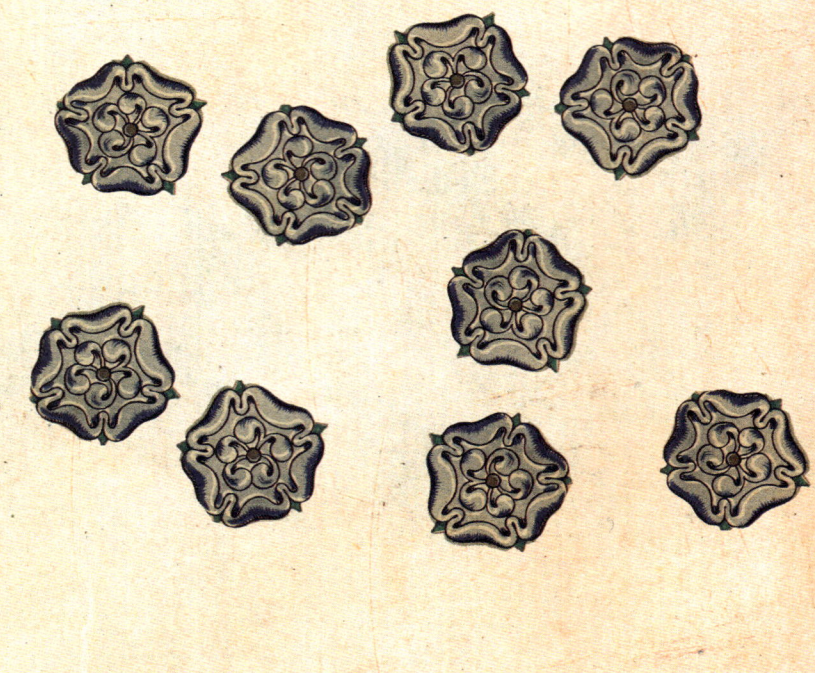

答案见185页

盯脑袋

在大马士革一家位于市场旁的水烟室中，三个人正坐在三张不同的桌子旁。

由于还是工作时间，烟室只有这三名主顾，其中易卜拉欣正盯着艾哈迈德，艾哈迈德则盯着赛义德，而赛义德则自顾自地读着一份买卖契约。

现在的情况是，赛义德有着一头傲人的长发，不仅发油上得十分仔细，发型也非常精致。

问题

如果我告诉你易卜拉欣有个习惯，他会十分自豪地说自己秃到连一根毛发都没剩下，你能判断出在水烟室的三位主顾中，是否有一个秃子正盯着一个有头发的人呢？

答案见185页

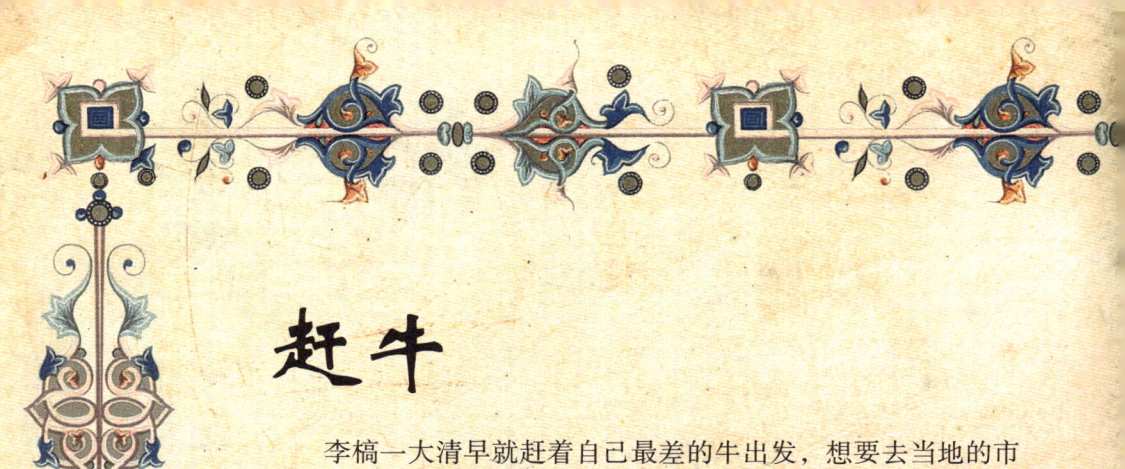

赶牛

　　李槁一大清早就赶着自己最差的牛出发，想要去当地的市场卖米。这头牛脾性算不得温顺，就算是在最称心如意的时候也不愿意出大力干活，何况现在身上还驮着数百斤的大米，它的心情十分糟糕。李槁用尽一切手段，以900步每刻的平均速度将牛赶到了市场，而他的努力也没有白费，因为大米全部及时卖出。

　　在回家的路上，牛因为不用驮货物而心情大好，背后还不断地有微风吹拂，加之无论是人还是牛，都想在一天的辛劳之后，早早回家吃喝歇息，回程的平均速度达到了惊人的1 500步每刻。

 问题
李槁往返全程的平均速度是多少？

答案见 **186** 页

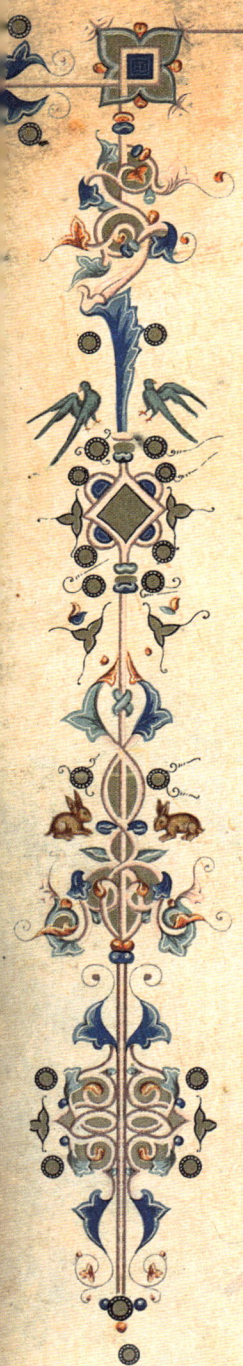

手稿彩饰

一位修道院院长拥有一份与众不同的手稿,因为其内容对与守护神相关的知识进行了深入研究。手稿中有如下奇怪的图案:

$$☉ - ☾ + ☿ = 7$$

$$☾ + ☿ \times ☉ = 50$$

$$☿ - ☉ + ☾ = 5$$

$$☾ \times ☿ + ☉ = 29$$

问题

如果图案中的运算未按四则运算法则的顺序进行,而是按照从左至右的顺序进行,那么图中符号的数值分别是多少?

答案见186页

口袋

一位珠宝商和一位商人正在讨论到底怎么样才算是误打误撞，在发现两人的想法截然不同后，珠宝商变得很不耐烦，提出要通过实验一较高下。

"我这里有两个丝质的小口袋。我在第一个口袋里面放了一颗圆形的小珠子，不是一颗珍珠，就是一颗一文不值的玻璃珠，形状完全一样，并对第二个袋子如法炮制。两个口袋里既可能都是珍珠，也有可能都是玻璃珠，还有可能一个里是珍珠，另一个里是玻璃珠。现在，注意看好了，我向第二个口袋里面放了一颗珍珠，晃一晃口袋，然后拿出一颗……啊！是珍珠。那么第二个口袋中又只剩下一颗珠子了。"

问题

那么好伙计，如果不看袋子里面有啥，你能判断出哪个口袋里的珠子更有可能是珍珠吗？

答案见187页

村中逸事

　　浩博和鲍博正站在井边打水，突然鲍博看到了一个似曾相识的大高个，但却不知道他是谁。

　　鲍博眯着眼看了那人很久，但始终说不出他的名字。"快看，浩博，那边那人是谁啊？就是那个胡子一团糟的人，他看起来有点眼熟。"

　　浩博嗤之以鼻，露出了一脸不屑的神态："他才不是什么陌生人，他的妈妈是我妈的婆婆。"

　　鲍博一脸疑惑地看着浩博说："这到底是怎么回事啊？"

 问题
　　那人到底是谁？

答案见187页

纵横图

德国哲学家阿格里帕·冯·内特斯海姆是16世纪时欧洲顶尖的神秘学者之一。他于1531年进一步扩充了自己已出版作品的内容，指出不同的纵横图与不同的天体间可能存在着某种联系，这种说法获得了广泛的认可。由此而来的纵横图被世人称为"幻方"，直至今日，幻方仍然能够成为经常被讨论的话题。本页下方是一个未完成的幻方，在阿格里帕眼中其与火星存在着某种联系，共有25个方格，分别为1~25这25个数字，不仅其中每行、每列、每条对角线中的数字之和均为65，而且每个方格中的数字均不重复。

问题

以已经存在的数字为依据，完成此幻方。

		7		
		25		
17	5	13	21	9
		1		
		19		

答案见188页

配对

问题
在本页的四个小图中,只有一个与中间的大图完全相同,请找出与大图完全相同的小图。

A

B

C

D

答案见189页

铁匠

　　一天夜里,约瑟从睡梦中惊醒,十分确信听到有人进入铁匠铺中。约瑟身材高大,是佩德拉扎镇最高最壮的人,许多被外表所蒙蔽的人都认为他行动迟缓,但实际情况却是,约瑟在日常生活中为了不伤害到花花草草才事事小心谨慎。有些时候,约瑟缓慢的行动会让一些不知深浅的蟊贼心生歹念,以为自己可以轻易得手。

　　约瑟勃然大怒,迅速翻身下床,一边呵斥,一边冲向铁匠铺的前门,在出门后发现蟊贼已经沿街逃窜。约瑟穷追不舍,但那贼身手矫健,约瑟每迈出5步他就会窜出9步,而且已经先跑出了12步。幸运的是,约瑟身高腿长,跨出3步的距离就相当于贼跑5.5步那么远。

 问题
约瑟要跑多远才能擒获蟊贼?

答案见190页

梅与琼

　　梅生活在德比镇，家中还有妹妹琼和母亲。姊妹俩靠售卖包括苹果在内的各类时令水果为生。她们两人不仅长得一模一样，而且还形影不离，因此在镇内小有名气，实际上这也算得上是实至名归吧，因为她们不仅同父同母，出生时间也是一刻不差。姊妹俩平时为了增强视觉冲击，连穿着打扮都一样，唯一的区别就是梅一直都绑着一条红色的丝带，而琼的丝带则是蓝色的——至少她们认为丝带能够起到分辨作用，但谁知道呢，毕竟有一个长相一模一样的姊妹好处实在是太多了。

　　每天至少有两位初次拜访小镇的访客在看到姊妹俩后大声惊呼，好像是发现了新大陆一样："你们肯定是双胞胎啊！"

　　梅和琼对此早已习以为常，她们会盯着那人，同时一扬眉梢，字正腔圆地断言道："我们才不是双胞胎呢！"镇上的人都知道，她们所说绝非虚言。

问题
这是为什么呢？

答案见 191 页

佛罗伦萨

在城中的一座院子的正中央有一棵大树，树旁有一座雕像，雕像连底座共有7英尺高，是为纪念某人而立。每年都会有一天，在某一时刻，树的影子会与雕像的影子相交，相交点为庭院中一块雕有特殊图案的石板。

问题

一旦两个影子相交……嗯，我觉得我还是不说为妙。其实我真正想说的是，影子相交时，雕像的影子有4英尺长，树影则为7.5英尺，你能根据如上信息计算出树的高度吗？

答案见192页

圣殿骑士的密码

在圣殿骑士团被解散后不久，一位法国官员逮住了一个疑似骑士团的同情者，在其身上搜出了大量文件，其中数个都是货船的租约，目的是向苏格兰运输未知物品，但文件中重要的细节全部都是密码加密的。在查看文件后，两道算式令官员感到大为恐慌。在这两道算式中，所有的数字均被特定的密码符号替代，唯一可以确定的是符号与数字一一对应。

问题

在第二道算式中，有一个数字连符号都没有，那么这个数字到底是多少呢？

答案见192页

差之毫厘

两个骆驼贩子闲来无事，便开始拿各自的年龄打趣。"阿卜杜勒，"其中一人说，"你肯定心里很清楚，组成你现在年龄的两个数字与组成我年龄的两个数字完全相同，只是顺序颠倒过来了。""没错，"另一个人回应道，"不仅如此，咱俩年龄的差值还正好是咱俩年龄之和的十一分之一。"

问题
这两人的年龄分别是多少？

答案见 193 页

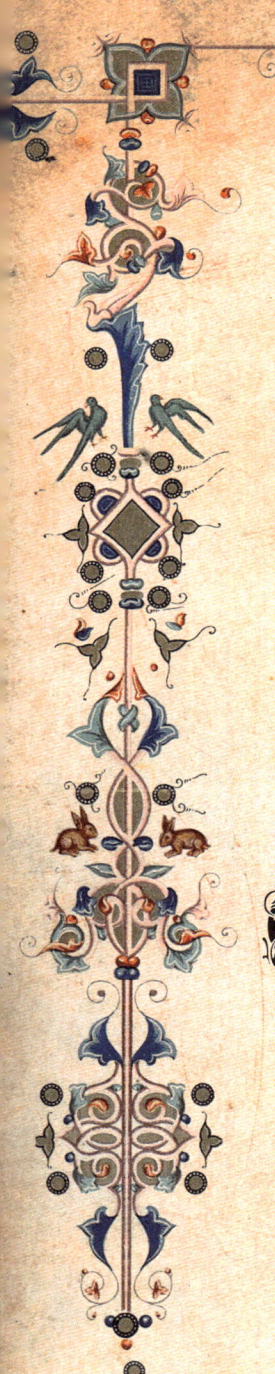

锯木板

理查德正看着工头塞缪尔锯木板。塞缪尔先将木板锯成相等的两块,然后将两块锯好的木板叠放起来,再一锯两半,最后如法炮制,把四块木板锯成了八块。在抖掉身上的木屑后,塞缪尔随手拿起了一块扔给了理查德。

"小伙子,刚才我锯掉的那块木板是一块8磅重的橡木。"塞缪尔说。

理查德连连点头:"嗯,我晓得了。"

"那么我刚才丢给你的那块有多重呢?"

"一磅。"理查德想都没想就回答。

此时,塞缪尔却轻蔑地笑了。

问题

理查德错在哪里?

答案见 194 页

绝无仅有

这件东西是你十分珍视的；
它与你形影不离；
它虽然轻若无物却掷地有声；
它是与人共享之物，对素未谋面之人也不例外；
它在分享时毫不避讳，你甚至能把它送给可憎之人；
与你自己相比，它可能更经常为他人所用。

问题
它是什么？

答案见 195 页

早间问候

博洛尼亚著名的大学下属的一所小学院有一个十分奇怪的传统:每天早上做完晨祈后,每位学生都必须先向院长鞠躬,然后再向教师施礼,最后还要向其他学生鞠躬;同样地,教师也都必须先向院长鞠躬,然后再相互施礼,最后再向每位学生分别鞠躬。自不必说,院长肯定是不会向任何人施礼的。

在学院早间问候时,所有人共会鞠躬1296次。学院学生的数量是教师数量的8倍。

问题

学院有多少位教师?

答案见196页

馊牛奶

"莉娜!"

"哦,索菲。"

"你不会还在为那些馊牛奶不高兴吧,快让这事过去吧,你本就不该把奶放在那儿不管的。说点正事,你今天下午要去市政厅吗?我想市长可能要发表与税收相关的声明。"

"我肯定会去的。"

"话说回来,今天市政厅到底是几点开会啊?"

"嗯,我想想。如果把会议的时间提前四个小时的话,那么开会时间距清晨四点的时长就与距下午四点的时长相同。"

"额……"

问题

开会时间到底是几点?

答案见 196 页

配对

问题 在本页的四个小图中，只有一个与大图完全相同，请找出与大图相同的小图。

A B C D

答案见197页

奇怪的图案

人们在一片幽暗森林的深处发现了一块石板，上面刻有如下图案。图案四周的数字似乎指出图案中还缺了一个数字。

问题
图案中间的数字应当是多少？

16
24　　　　20
12　　　　8
16

马雷克

　　马雷克有事必须去凯恩加村，旅程将会耗费数小时的时间。由于囊中羞涩，马雷克与车夫达成协议，可以获得路费打折优惠，但条件却是，一旦车厢坐满，马雷克就要把位置让给他人，在驭位上与车夫一起忍受风吹雨淋。

　　刚开始的时候，一切似乎都很顺利，因为马车上除马雷克外只有一位乘客。但在旅程正好过半时，一下子出现了许多搭车人，导致他不得不去驭位就座。马雷克在驭位上瑟瑟发抖，直到有一名乘客下车，他才重新坐回车厢，而此时剩余的旅程正好与其在驭位上度过旅程距离的一半相等。

问题
马雷克在驭位上度过的旅程占总旅程的几分之几？

答案见198页

慧眼

　　一位僧侣在萨拉戈萨筹措善款,目的是为修道院开设的孤儿院解决开销问题。在筹到了数目不算小的金额后,他发现自己来到了一个小贵族的宅邸,虽然心里有些不安,但仍然决定去求得捐助。在僧侣说明意图后,贵族的仆人过了一些时候才拿着一块看起来很脏的破布回到门口,坚持让僧侣将其作为捐赠物。僧侣收下破布后便行色匆匆地离开了。

　　第二天,修道院院长派了一位信使到贵族的宅邸表达由衷的谢意,对贵族的大方施舍赞不绝口。

问题
这到底是为什么呢?

答案见 199 页

优质白兰地

比尔·胡佛是特维斯克村中绿女巫旅店的店主，经营的酒品绝大部分都购自自由贸易者——对你我这样的人来说，其实也就是走私者。由于白兰地的货源总是不能得到保证，比尔会自己勾兑混合白兰地，将其作为"好酒"卖给顾客。勾兑的过程十分简单。

比尔首先会准备一大一小两个木桶，然后将一酒桶的白兰地全部倒入较小的那个木桶中，而较大的那个木桶则只装淡水。比尔将大桶中的水倒入小桶，直至其中液体的体积翻倍，然后再将小桶中的液体倒入大桶，直至大桶中液体的体积翻倍，而最后一步便是将大桶中的液体倒回原来的酒桶。可以肯定的是，梅瓦吉西旅店是绝对不会做出这种以次充好的行径的。

问题

在这老坏蛋的"优质白兰地"中有多少是真正的白兰地？

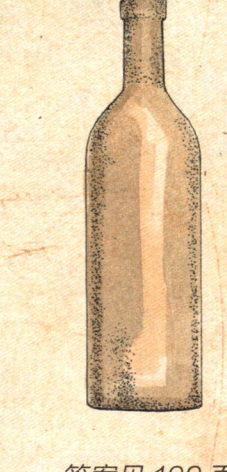

答案见 199 页

伯爵大人

在摩拉维亚地区有一位伯爵，自小就身体羸弱，其糟糕的身体状况远近闻名。最终，伯爵决定修建一间休息室，让自己能够尽可能地苦中作乐。休息室除了铺有厚厚的地毯，内墙的外层还装置了火炉，四周更是摆满了书架，挂满了绘画作品。不仅如此，伯爵还想要欣赏户外的美景，因此要求休息室要有一扇方形的窗户，高度为5英尺。

在完工后，休息室各方面都令伯爵感到称心如意，唯一美中不足的是窗户的采光太好，达到了过犹不及的程度。伯爵将建筑师叫了回来，要求改建窗户，将其采光程度降低为目前的一半，但既不允许那倒霉的建筑师改变玻璃的种类，也不想影响自己欣赏美景的兴致，因此否决了所有遮挡措施，管它是窗帘、遮光屏还是百叶窗。实际上，伯爵要求窗户不仅要保持5英尺高、5英尺宽，还不能采用任何方形之外的形状。

问题

建筑师最终还是想出了办法。请问他到底是怎样解决这一难题的呢？

答案见200页

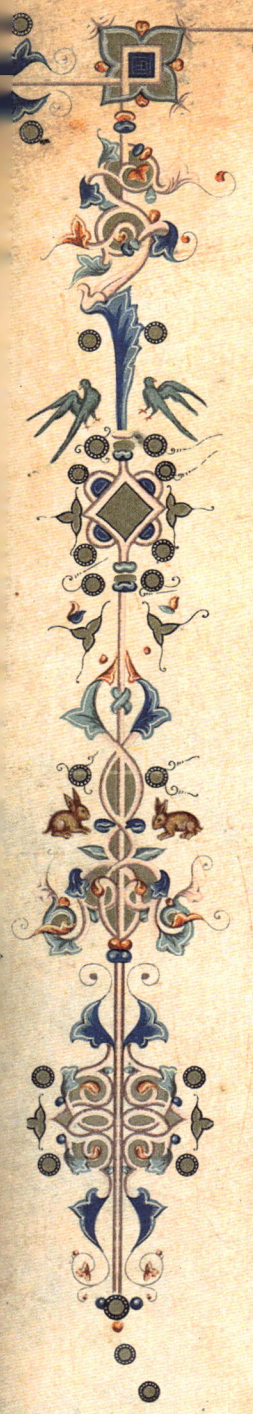

百年战争

在法国多尔多涅区的山洞中人们经常会找到许多带有奇怪图案的石板，其中一些可追溯至英法百年战争之时，见证了两国间长期的血腥争斗，所以说有些石板上的图案为了保密起见而叫人摸不着头脑也就不足为奇了。

问题

在本图展示的三块石板中，最后一块缺失哪三个字母？

3	8	5	2			
6	4	4	7	A	G	C
8	8	7	4			

5	9	0	1			
7	7	5	9	I	I	G
3	3	3	7			

7	3	9	6			
4	7	4	1	?	?	?
7	0	9	2			

答案见200页

猎人

一位猎人在森林中安置陷阱时发现一片林间空地的对面有一只大兔子，便马上以口哨为号，指向兔子的方向，命令猎犬开始追猎。兔子受惊后撒腿就跑，而猎犬则紧追不舍，由于猎犬速度比兔子速度快，马上就缩短了与猎物的距离。

问题

在追猎刚刚开始时，兔子与猎犬的距离是50英尺。如果猎犬在奔跑125英尺后捕获兔子，那么在其与猎物距离仅剩30英尺时，猎犬还要跑多远才能追上猎物？

答案见201页

丑事恶行

　　一天晚上，村里的长者齐聚市集广场，商讨一对年轻夫妇是否应当为自己的行为受到惩罚，讨论最终陷入僵局，令人一筹莫展。一派长者义愤填膺，认为只有严加责难才是唯一可行的方法，但另一派却认为事情没什么大不了的，想要采取听之任之的态度，最终更是因为不胜其烦而四散离去。

　　在道路对面酒馆中看热闹的人们看来，如果主张召开会议的那个老妇人这时也和第二派长者一样，觉得事情没啥大不了的，那么就会有三分之二的长者各回各家；如果她能够说服长者中自己的两个密友留下不走，那么就仍会有一半的长老留在广场上。但实际情况却是她待在那里什么都没做。

问题

与会长者有多少人？

答案见 201 页

进阶谜题

三个狱卒

马林堡的地牢令人谈虎色变，其恐怖的名声绝非浪得虚名，因为任何忤逆了条顿骑士团的人会在被收监后饱受折磨，想要逃出也差不多只能算得上是痴心妄想。毋庸置疑，地牢令人望而却步的名声离不开狱卒的敬业精神，与他们一刻不停的警惕看守有很大的关系。

地牢中走廊的守卫任务由三名身份卑微的狱卒负责，他们的名字分别是马提亚、伯恩特、康拉德。三个人中必须保证有一个人时刻认真履行看守工作，一旦出现任何差错，就会受到最为严厉的惩罚。此外，他们还必须遵守一项额外的规定，即如果马提亚和伯恩特休班，那值班的就是康拉德，但如果伯恩特休班，康拉德就必须也跟着休班。

问题
按照这样的安排，马提亚还能得到休班的机会吗？

答案见203页

排列玫瑰

　　如下图所示，共有十朵玫瑰，整齐地排成了两行，每行各有五朵。

问题
将玫瑰重新排列成五行，每行都要有四朵，限制条件则是只能移动其中四朵。

答案见203页

螺旋花园

为了表达对爱妻的喜爱之情,巴格达的哈里发发布命令,修建了一座宛如童话一般的螺旋花园。花园几乎呈正方形,长只比宽多出了半码,而一条螺旋状散步道则占据了花园的全部面积。散步道不仅宽度自始至终均为一码,还镶满了各式各样的宝石,两侧则埋设了铜质金属棒来标示边界。花园中种植的蔓藤植物形成了一个巨大的植物顶盖,为游客提供避暑之处。散步道一直延伸到花园的正中心,将游客引向一座美轮美奂的喷泉。

问题

如果将喷泉也计算在内,散步道的总长就是7 788码。那么花园的长和宽各是多少?

答案见204页

猪展

朗康普敦村的猪展再次开幕，吸引了四面八方的农户前来参赛，大家齐聚可以俯瞰村庄的王石周围，让展会的评委做出评判。

老浩博多年来一直担任猪展评委的工作，已经对猪彻底失去了兴趣，所以决定今年要加快评判速度。

评判猪时会用到三个标准，即外观、重量和高度，而浩博的工作则是，在挑选出参加决赛的猪后，发放评分牌，对决赛猪做出详细评判。评分牌只有两种，也就是"好"和"差"，适用于三个评判标准。浩博决定：将九到十头猪至少在一个标准上评为"差"；将四到五头猪至少在两个标准上评为"差"；将两到三头猪评为三项皆"差"，成为决赛的末名。同样，他还决定：将八到九头猪至少在一个标准上评为"好"；将三到四头猪至少在两个标准上评为"好"；只有一头猪会被评为三项皆"好"，成为展会的冠军。

问题

假设每头参加决赛的猪都必须至少获得一个评分牌，那么浩博至少要向多少头猪发放评分牌？他最多又可以向这些猪发放多少块评分牌？

答案见205页

三个方块

华山脚下有一座古老的道观,据传其历史可以追溯到盘古开天地之时。道观中有许多令人惊奇的景观,其中之一位于道观深处重重巨石之下的一间小室中,是深深地刻在石质地面上的一组奇怪图案。据传,只要能够沿着一条路线走完全部三个方块,并保证不走回头路,就可以达到大彻大悟的境界。当然了,从来也没人提出参透天地之规律是一件轻而易举的事情。

问题

你能找到通向智慧之路吗?

答案见 206 页

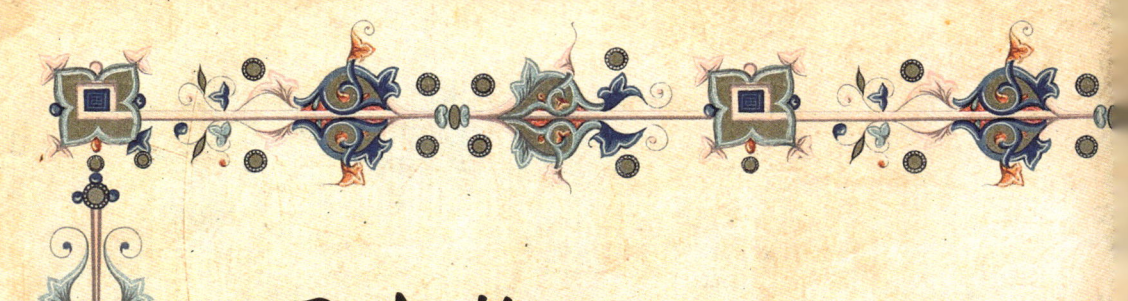

居高临下

据说尊贵的约克老公爵只要一声令下，就能召集一万人的军队，真可算得上是声势浩大，但这也绝非前无古人，后无来者，历史上许多军队的规模都会令老公爵相形见绌。法国曾经有一位王子组建了一支庞大的军队，共有187个骑兵中队和207个步兵营。每个骑兵中队分为4个骑兵连，均有39个骑兵，由一位中校带领；每个步兵营有3个步兵连，每连有186个步兵，由一位上校指挥，其治下还有一名中校副手。

问题

假设军官一旦获得了上校军阶，就不再愿意上战场令自己的双手沾上血污，此外还有473名士兵目前由于生病而无法承担职责，那么王子手下一共有多少人能够上阵杀敌？

答案见207页

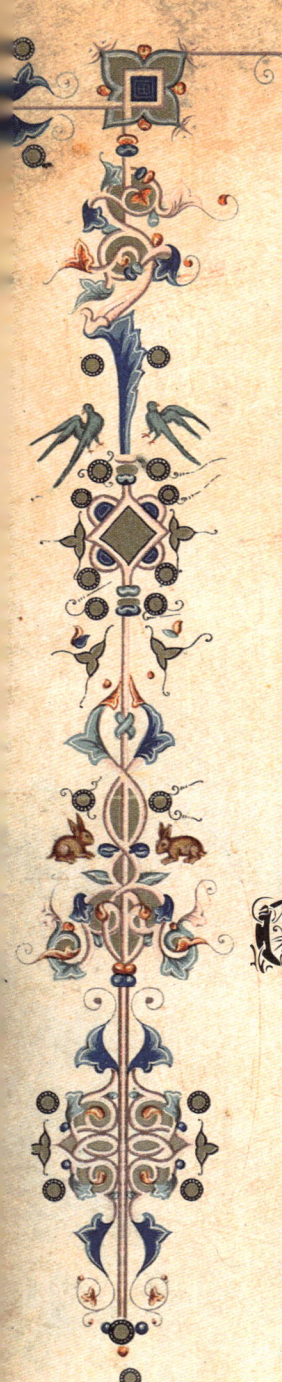

眼见为虚

洛伦佐走进一座花园后发现一群貌美的妙龄女子正在散步,便想要浮夸卖弄,给她们留下个好印象。他大声叫道:"啊!10位美丽的少女走成一排,以性命发誓,我从来就没想到自己能瞥见如此绝景!"

女子们交换了下眼神。"先生,"其中一位说,"你的眼睛和你开了个玩笑。我们不仅没有走成一排,人数也不足10人。但是,如果我们的人数是现在的三倍,那么我们的人数与10的差值就会和10与我们实际人数的差值相等。"

"哦,我明白了。" 洛伦佐说道,随即因为感到莫名尴尬而转身离开了。

问题
洛伦佐遇到了多少位女士?

答案见207页

里亚尔

欧内斯托与玛利亚喜结连理，根据约定，嫁妆是玛利亚的新娘礼服。这可不是什么寻常的礼服，上面有银铃组成的饰带，在新娘走路时会发出悦耳的声响。

礼服上共有4条饰带，每条都有27个铃铛。虽然每个铃铛都巧夺天工，但大小却各有差别：有将近五分之一是小铃铛，每个价值仅3里亚尔；大铃铛的数量相当于小铃铛数量的二分之一，每个价值8里亚尔；剩下的都是不大不小的铃铛，每个价值5里亚尔。

问题
玛利亚的嫁妆一共有多少里亚尔？

答案见208页

种土豆

汉斯在帮父亲库尔特种土豆。在两人劳作一阵后,库尔特将盛土豆的篮子放到了地上,然后把汉斯叫了过来。

"乖儿子,"库尔特说,"来,和我唠唠。假设我让你搬一桶土豆到我们现在站着的地方,里面共有100个土豆,然后让你每次只拿1个土豆,以桶为起点出发,在距桶1码的地方种下第一个土豆,然后以1码的间隔沿直线一路种下去,种完后走回土豆桶取一个新土豆,直到桶空为止。"

"老爹,"汉斯说,"我觉得我真该教教你怎么种土豆了。"

问题

如果汉斯真如库尔特要求的那样种土豆,那么你能计算出他种完全部100个土豆要走多远吗?

答案见209页

发现不同之处

本题的两张图片中有10个不同之处，你能全都挑出来吗？

答案见210页

黑或白

"在你面前的桌子上有个口袋。"

"嗯，我看到了。"

"口袋里有四个筹码，除了颜色不同，极有可能是黑色，又有可能是白色，其他地方完全相同。现在不要往口袋里看，从里面摸出两个筹码。"

"好，稍等一下……两个都是白的。"

"好极了。你认为第三个筹码仍然是白色的概率有多大？"

"嗯，我想想……"

"先别急着回答，我还有点事情没告诉你，口袋里至少有一个筹码肯定是白色的。"

"哦！那结果可就完全不一样了！"

问题
真是如此吗？

答案见211页

数学家石匠

一位马德里的石匠在发现自己制作的井盖引得一些人纷纷猜测后,觉得十分有意思,加之他正在凿刻一个大型储物槽,便决定在槽盖上留下相似的图案。

问题
你能补全缺失之处的图案吗?

答案见211页

平衡

修建建筑物的时候必须谨慎，保证至关重要的受力平衡不出现问题。一旦有失平衡，用不了多久建筑物就会分崩离析。

本页下方有一幅简单的示意图，以最为简洁的方法展示了一个棘手的平衡问题。图中棕色和紫色的方块长度相等，各位读者在解答的时候可以认为横梁、连杆及旋转点不仅均为刚性，重量也可忽略。图中的数字为负载的重量，单位为英担。

问题

如果想要保证图中横梁的平衡，那么问号表示的负载重量应当是多少？

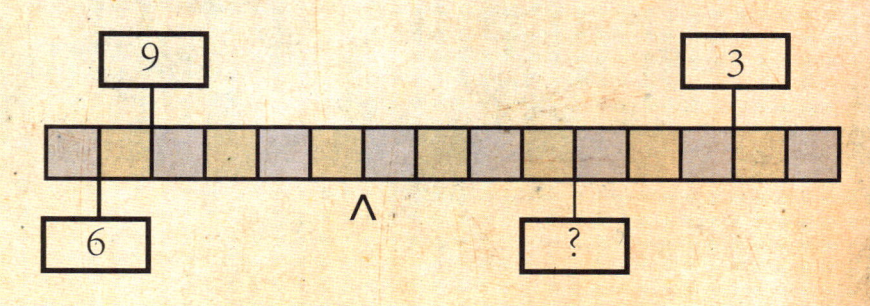

答案见212页

酒罐

特维斯克村中的绿女巫旅店以廉价的酒品远近闻名,但在品质方面可就难以令人恭维了。旅店中的酒的确算得上价格低廉,在一定程度上让客人们对老板阴沉的性格睁一眼闭一眼;酒馆与其他廉价酒馆相比更为平静,客人们不会为一点琐事就大打出手。

原因很简单,只是因为这家酒馆的老板是在麦酒中兑水的惯犯,其常用的伎俩是拿一个10加仑的酒桶,往一个大酒罐中倒满麦酒,然后加水灌满酒桶。在自己享用完酒罐中未兑水的麦酒后,他就会向酒罐倒入酒桶中稍稍兑水的麦酒,将其当作好酒以稍高的价钱贩售,并用水再次灌满酒桶。在完成这肮脏的勾当后,酒桶中纯麦酒和水的比例正好是1∶1。

问题
老板的酒罐有多大?

答案见212页

在诺福克郡

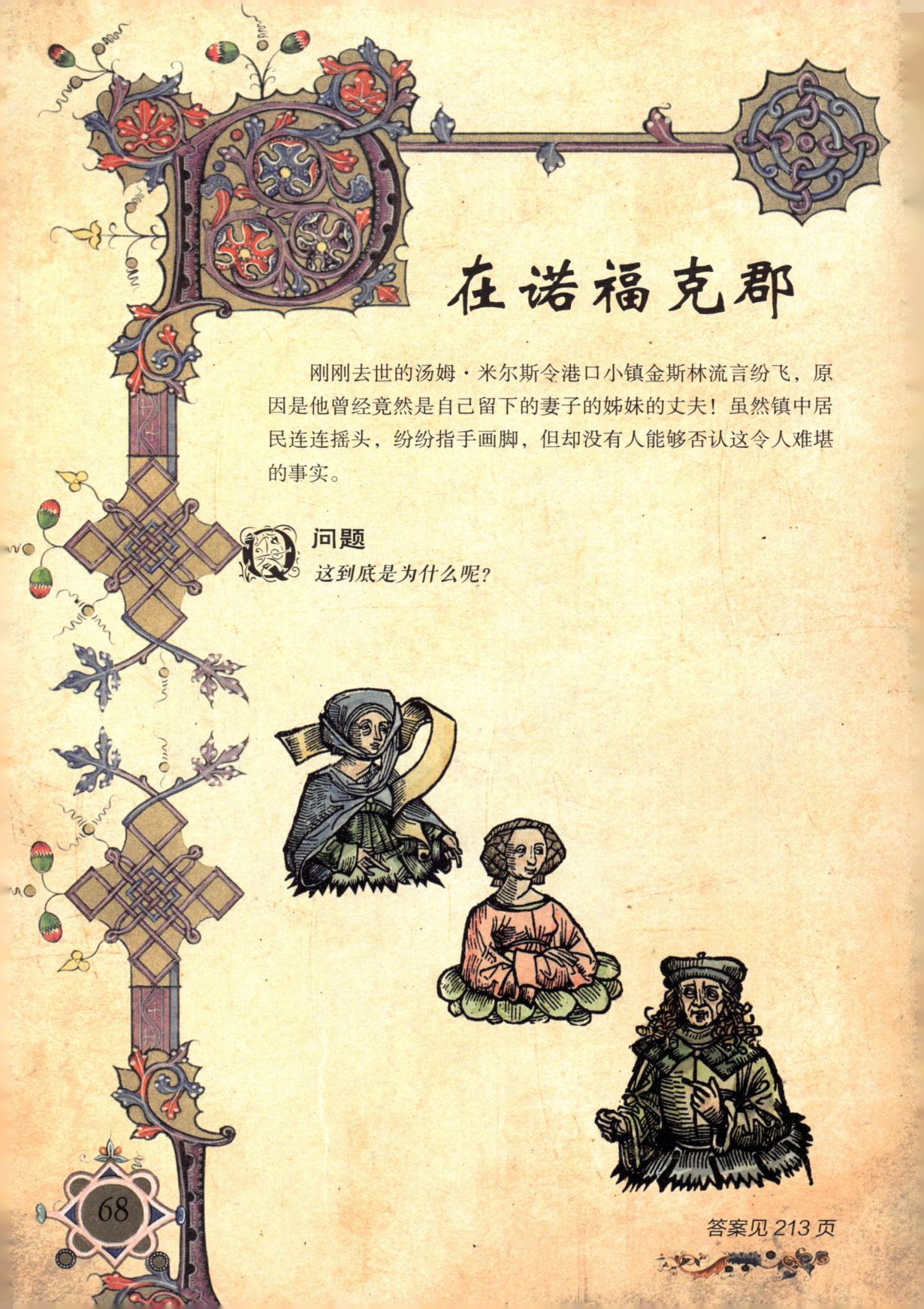

刚刚去世的汤姆·米尔斯令港口小镇金斯林流言纷飞，原因是他曾经竟然是自己留下的妻子的姊妹的丈夫！虽然镇中居民连连摇头，纷纷指手画脚，但却没有人能够否认这令人难堪的事实。

问题
这到底是为什么呢？

答案见213页

浮桶

　　一个马车夫的学徒在午饭时耐不住好奇心，向一只大木桶里倒了一些水，但却未将水倒满，然后又放了一只小一点的桶进去，让其漂浮在水中，他发现大桶中的水位稍稍上升，将小桶的一部分浸没在水下。

　　当学徒看得入神时，马车夫正巧路过，在停下来看了一小会儿木桶后说："小伙子，你看到了吗？小木桶排挤开的水量正好可以填满淹没在水下的那部分体积。"之后便转身离开了。

问题

　　学徒满腹狐疑地盯着一大一小两只木桶："但是那小桶里面全都是空气啊。为什么会是这样呢？"

答案见 214 页

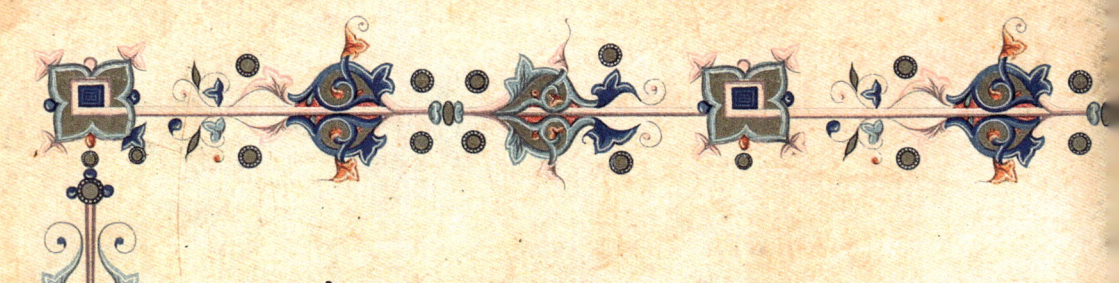

猎手之矛

仔细观察下方的两列数字你就会发现：将左边一列数字加起来结果是19，而将右边一列数字加起来结果则是20，不仅如此，只要移动其中的一对数字，两列数字各自相加的结果就会完全相等。

问题

这是如何做到的呢？

1	3
2	4
7	5
9	8

答案见215页

无礼的伊万

罗夫诺依村的伊万·多洛维奇自视甚高，完全不在意村中其他商人的不同意见。在与一位粗鲁无礼的毛皮猎人讨价还价很长时间后，伊万发现自己完全不知道自己"浪费"掉了多少时间。

恰在此时，迎面走来了一个"大老粗"，伊万毫不犹豫地拦下他，"我是伊万·多洛维奇，快告诉我现在准确的时间。"

那人显然没想到有人会如此无礼地搭话，被吓得后退了两步，但很快就平复了心情，冷冷地瞥了伊万一眼，说道："我觉得您的处境实在是太糟糕了，我简直感同身受，十分愿意帮忙。像您这样拥有超凡智慧的智者肯定能丝毫不差地理解我说的话，如果您把今天正午到现在的时间分成四份，将其中的一份与现在到明天正午时间的一半加起来，就会知道准确的时间了。"

"哦，我明白了。"伊万嘟囔着。

问题
现在到底是什么时间呢？

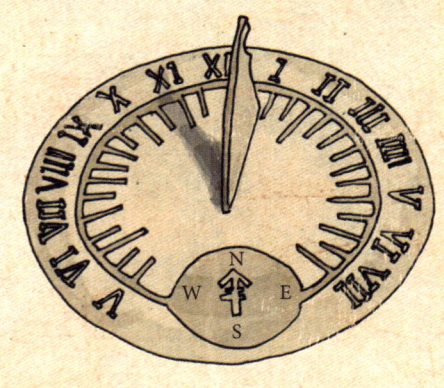

答案见215页

发现不同之处

本题的两张图片中有10个不同之处，你能全都挑出来吗？

答案见216页

格伦瓦尔德之战

条顿骑士团在格伦瓦尔德之战中面对波兰和立陶宛联军,损失了大量骑士,险些全军覆没,就连大团长都命丧黄泉。虽然骑士团在战后仍然存留了下来,但威势却变得大不如前。

医护骑士分团的团长在战斗结束后好一阵才将幸存者分成小组,之后便派属下去调查人员的受伤情况。分团长收到的一份报告并不像期望的那样直白易懂。

"在100人中,"派去当差的毛头小子报告道,"有64人至少有一处缺胳膊缺腿,有62人以后都无法再使用武器,有92人不靠他人搀扶就无法站立,有87人看起来受到了感染。"

问题

这100人中至少有多少倒霉蛋同时出现了四种伤情?

答案见217页

运算符

请仔细观察下面的一组数字：
1 2 3 4 5 6 7 8 9 = 100

只需在左侧插入三个运算符号，就可以让等式成立，在"+""-""×""÷"这四个符号中任意选择，可以重复，但只可以插入三个符号。虽然不能调换左侧数字的位置，但解题过程中只要未被符号分开的数字，就可认为是一个多位数；换言之，"1+2 3"其实就是"1+23"，而"1 2÷3"其实就是"12÷3"。

问题
你能解开这道算术题吗？

答案见217页

凯西

　　凯西只穿实用的鞋，看起来虽然算不上十分入眼，但却十分合脚，也非常耐磨。说句公道话，凯西绝大部分时间都没注意到自己其实穿着鞋。

　　实际上，凯西从来不脱鞋，就算睡觉也会穿着，只有在鞋子变得不合脚的时候才会考虑换鞋，而且即便在换鞋时，新鞋与旧鞋也基本上完全相同。然而，凯西可绝对不是什么恋鞋癖患者。

问题
你能道出其中缘由吗？

答案见 218 页

猴戏

快过来看看吧，朋友们！对对，靠近点。我要向大伙儿展示真正的奇迹。对，好极了，大伙儿可以再靠近点。马内尔是位可爱的猴子"女士"，也是我不可或缺的助手，它正趴在大家眼前的绳子上。卡里姆也是我必不可少的助手，就是坐在那边的那位。噢，别一副愁眉苦脸的样子，卡里姆！这里还是请求大家谅解，因为卡里姆并不喜欢别人提及它贵如猴子这样的事实，但说句实话，就连我也不比我的两位猴子助手更为尊贵。

正如大家所见，马内尔手中的绳子绕过了一个轮子，在轮子的另一端则是一块货真价实的"星铁"，它是天外来物，一旦有邪恶之物靠近，它就会发出令人胆寒的哀号。现在"星铁"无声无息，可见大家都是好人！更为重要的是，"星铁"的重量与马内尔的体重完全相同。与大家所见不同，这个轮子也十分精巧，在马拉喀什全城可算得上是独一无二，能够让绳子完全自由地来回移动。

在我发出信号后，马内尔就会沿着绳子向上爬。

现在大家就可以开始下注了，来来来，把赌注交给卡里姆，这肯定会让它高兴起来的！另外不要客气，吃点枣吧，保证鲜嫩多汁，我请客！

问题
大家觉得配重会如何移动？

答案见218页

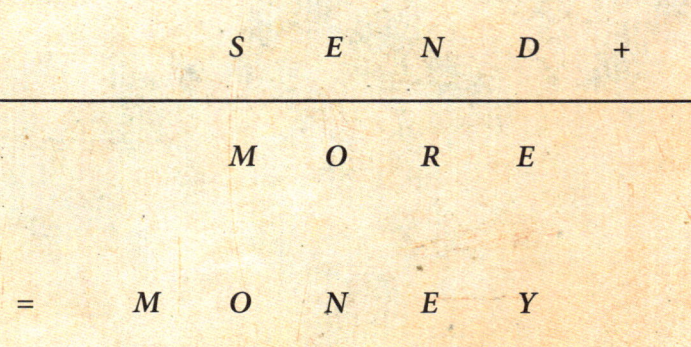

一成不变

大家都明白一个简单的道理，虽然历经沧桑，但许多事物却能保持一成不变。下面的这道等式就是如此。

式中的每个字母都代表着0到9中的一个数字，字母与数字间存在着一一对应的关系，即同一字母永远只代表同一数字。

问题

如果等式中没有数字以0开头，那么你能计算出最后的结果吗？

$$S\ E\ N\ D\ +$$
$$M\ O\ R\ E$$
$$=M\ O\ N\ E\ Y$$

答案见218页

阿罕布拉

一位身在内华达山脉的商人要送货到阿罕布拉市，在路上先要走过一块平地，之后就必须爬山，而返程的路线则与去时完全相同。在到达目的地后，商人只需将货物放下就可以离开，完全不需耗费任何时间。

商人在平地上走路的速度是每小时4英里，上坡时速度下降到每小时3英里，下坡时则加速到每小时6英里。他在早上8点起程，下午2点便回到家中，避开了一天中最为酷热的时间。

问题

他是什么时候把货物送到目的地的？请保证答案的误差不大于30分钟。

答案见219页

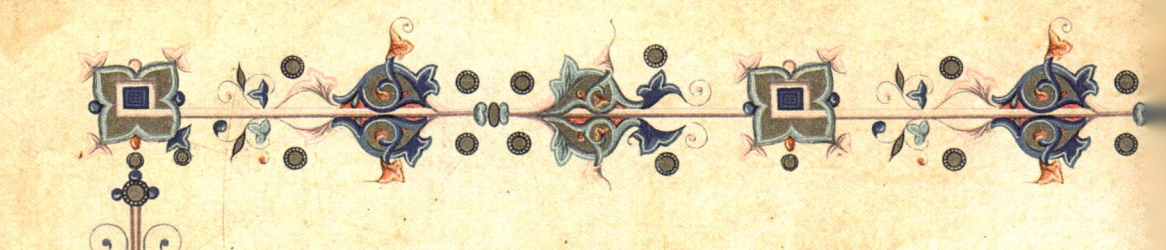

麦森

麦森藩侯想要儿子们长点数学头脑，便为他们定制了一套彩绘数字牌，一套共九个，上面分别刻有1到9这九个数字。在将这份礼物送到儿子们手中时，藩侯除了一脸严肃地叮嘱一定要小心爱护之外，还提出了一项挑战，即不使用其他工具，只用这九个数字牌分别组成四个完全平方数。

问题
你能做到吗？

1	2	3
4	5	6
7	8	9

答案见220页

老汤姆

"老汤姆,你今年多大?"

"我的好朋友,这可不能随便说,但六年后我的年龄就会比四年前多出四分之一。怎么样,像你这样的聪明人肯定想得明白吧?"

问题
老汤姆今年多少岁?

答案见221页

称重

每个商人心里都十分清楚，能够准确地称物品的重量是一件十分重要的事情。几乎自人类进入文明社会开始，计重秤就对商业活动有着不可或缺的意义，毕竟少了秤杆子，就没人能保证交易的公平了。

下方的图片展示了4台计重秤，每台都完全平衡，即左右两边的重量都完全相等。

问题

如果图片中的符号都是整数，那么每个符号最小分别代表着多大的重量？

$$☉ ☽ = ☿$$

$$☽ ☽ ☉ = ♀$$

$$☿ ☿ ☿ = ♀ ☉ ☽ ☉$$

$$☿ ♀ = ☽ ☉ ☽ ☉ ☽$$

答案见221页

抢劫

在南安普敦的港区,一帮膀大腰圆的壮汉连续数天出入于各个酒馆,忙于制订计划,而港区中的一处库房则是他们关注的重点,每天都要花上大量的时间暗中监视,看起来库房的主人,一位受人尊敬的酒商,马上就要遇到大麻烦了。在制订完计划后,这帮壮汉便在库房周围埋伏起来,到了下半夜,便破门而入,在制伏了守卫后搬走了数百桶极为昂贵的烈酒。

问题

令人大跌眼镜的是,第二天非但没有人缉捕这群劫匪,反倒是守卫和商人锒铛入狱。这是为什么呢?

答案见222页

信使

　　一位来自托里诺城的年轻信使在奔波于布瑞科力诺和科尔坦泽间的乡村小路时似乎遇到了一点麻烦。他对这一带不怎么熟悉，一路上都依赖路标的指引。

　　信使在到达一处路口后发现，有多达五条小路交会于此，让人摸不着头脑，路标还倒在了地上。他感到很绝望，用尽浑身解数也无法找到通往科尔坦泽的道路。

问题
信使要用什么方法才能找到前进的方向？

答案见222页

配对

在本页的四个小图中，只有一个与左侧的大图完全相同，请找出与大图相同的小图。

答案见 223 页

放债人

一位放债人被控在办理借贷业务时心术不正,正在国王面前接受审问。

国王问道:"与四分之三相比,四分之四大了多少?"

"这太简单了,当然是四分之一了,陛下。"放债人回答。

问题很简单,答案似乎也简单明了,但国王却将放债人驱逐出境。

问题

为什么?

答案见224页

为了奶酪

斯洪霍芬市以制造奶酪闻名,位于小村迈德雷赫特的正南方;豪达市的纬向位置在斯洪霍芬和迈德雷赫特之间,位于距连接两地的纬线西方12英里处,而且与迈德雷赫特相比,距离斯洪霍芬更近。

豪达是迈德雷赫特与斯洪霍芬两地间的必经之处,如果只考虑直线距离,从迈德雷赫特经豪达至斯洪霍芬的路程为35英里。

问题

如果能够从迈德雷赫特出发,不经豪达直接抵达斯洪霍芬,那么路程的直线距离是多少?

答案见225页

传令官

奥斯瓦德爵士从约克出发前往林肯，其胯下之马能够以每小时8英里的速度前进。艾德蒙爵士从林肯出发前往约克，出发时间与奥斯瓦德爵士完全相同，虽然其胯下之马能以每小时9英里的速度奔跑，但每隔两小时必须休息5分钟。

问题

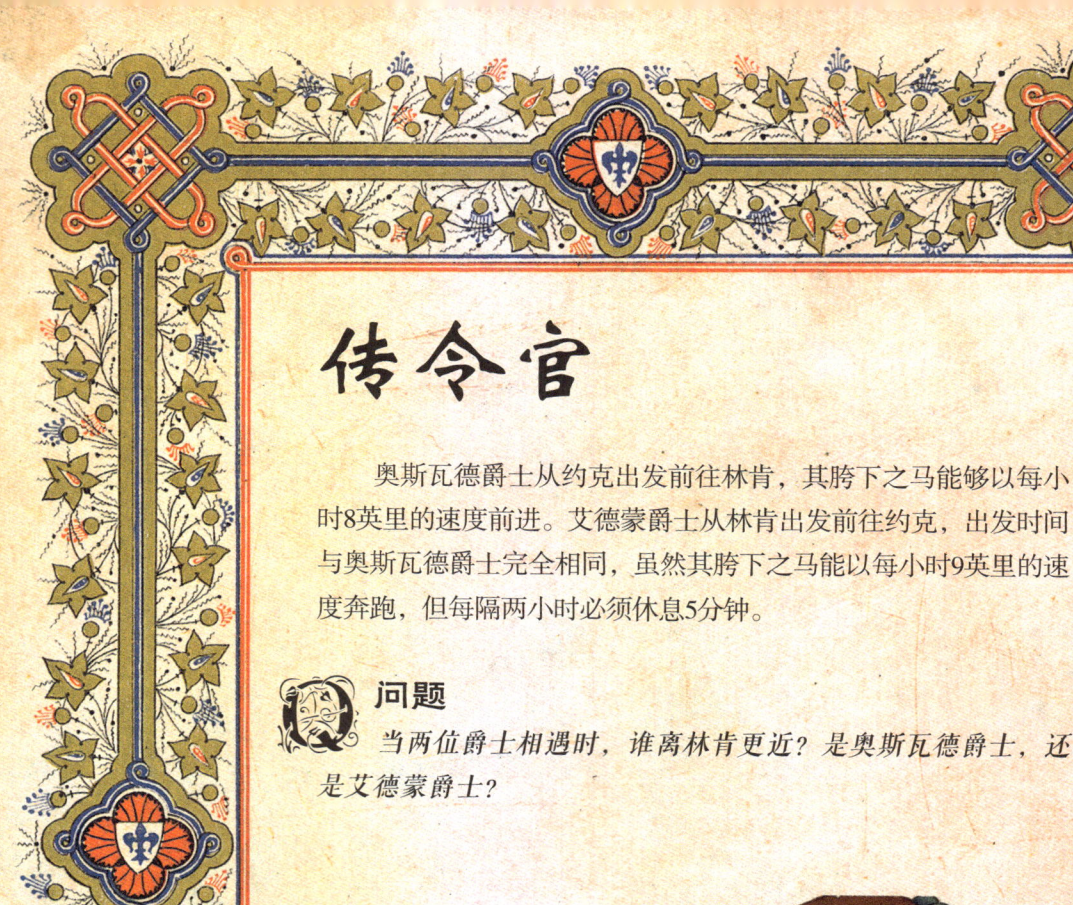

当两位爵士相遇时，谁离林肯更近？是奥斯瓦德爵士，还是艾德蒙爵士？

答案见226页

巫术

　　塞维利亚市的一位居民涉嫌使用巫术，人们在搜查其住所时发现了如下方所示的奇怪石板，上面刻有许多符号，共分为六种。石板的奇怪之处在于，能够断裂成形状完全相同的四片，每片中都有一个不同种类的符号。

问题
你能看出石板是如何断裂的吗？

			♏			♂
				♏		
		♋	♋			♌
		♊	♊			♈
	♊		♋	♋	♈	♈
♊	♈		♂		♏	♏
					♌	♌
			♂	♂		

答案见227页

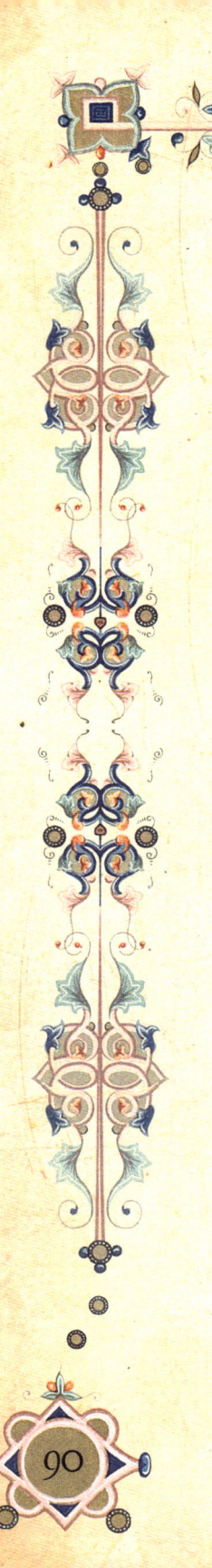

年龄

涅恩镇坐落于涅瓦河畔，镇中一位年轻的贵族小姐是大家关注的焦点，这不仅是因为她的父亲是一位中校，驻守在涅恩斯堪斯要塞，也因为她既容貌娇美，又才思敏捷。

由于是镇中绝大多数单身男性的理想新娘，这位小姐十分喜欢出题考验追求者的脑力，其中的一个问题与她长兄的年龄相关。中校一共育有15个子女，如果平均下来的话，每个人的出生日期间隔都是18个月。

问题

与中校年纪最小的子女相比，之前提到的小姐长兄年龄是其8倍。那么这位长兄到底有多大呢？

答案见228页

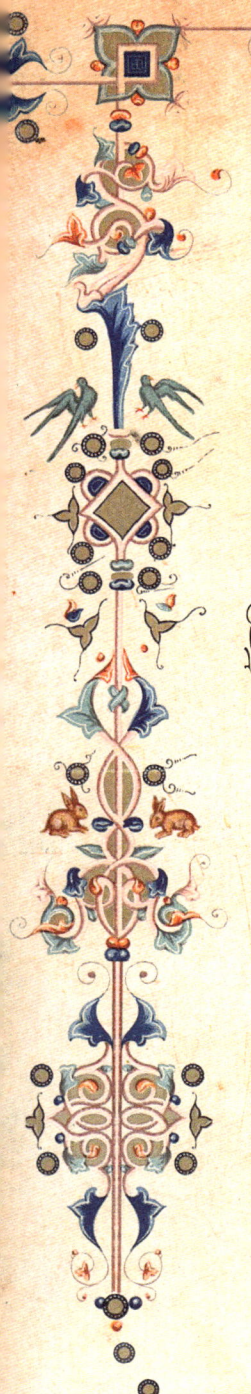

双连画

　　一位小有名气的佛兰德画师有在自己的大作中编写密码的习惯，他经常会在其中添加各种神秘的图案和图表。下方展示的奇怪组合就出自这位画师的作品，在画师惟妙惟肖的笔功下，看起来像极了刻在山洞石壁中的符号。

问题
图中每个符号的数值分别是多少？

	27	26	28	25	
37	☉¥	☽☉	¥¥	¥¥	37
38	¥¥	¥☉	☽¥	☉☉	38
31	☉☽	☽¥	¥☉	¥☽	31
	27	26	28	25	

答案见228页

不过是马车而已

伏尔塔瓦河流经布拉格城，城中一段河岸风景尤其优美。在河岸旁的马路上有一对马车以相反的方向来回运行，走完全程需要15分钟的时间，所以说每隔15分钟，两架马车都会从相反的方向出发。

某人决定步行欣赏河边美景，与其中一架马车同时出发，在12.5分钟后遇到了来自另一个方向的马车。

问题
此人会在多久之后被刚刚迎面遇到的马车追上？

答案见229页

庭院

托莱多市中有一座设计巧妙的大宅，宅邸呈正方形，有四座庭院，每座庭院四周都建有房间，空闲的地方则为装饰性花园。根据设计，不仅每个房间的屋顶上都刻有数字，每座庭院中心还都立有雕像，其上也均雕有数字。

问题

第四座庭院中雕像上的数字应当是多少？

答案见229页

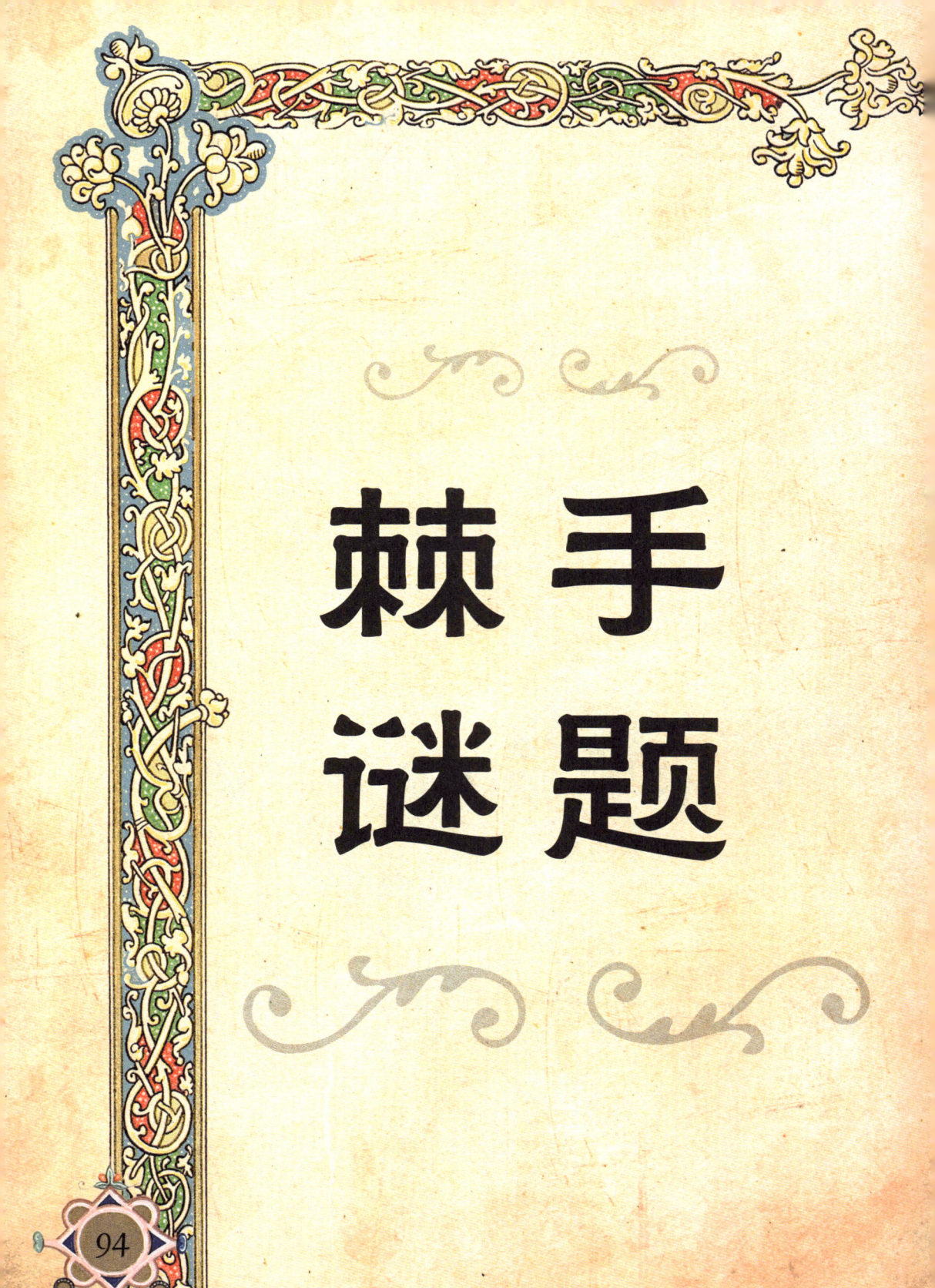

棘手谜题

分餐

为了更好地教育手下的见习修士，阿尔昆主教决定挑出10个人进行一场小测试。他向参加测试的人介绍了规则：他们的10份晚餐会被合成一份，然后重新分成不均等的10份，第一名完成测试的人会得到最大份的晚餐，第二名的份量会稍少，减少的量相当于正常晚餐的八分之一，以此类推。

问题

按照上述分餐方法，最大份和最小份的晚餐分别相当于多少份正常晚餐？

答案见231页

樵夫之子

一位樵夫育有三个儿子，现在都已经长大，变成了热心肠的年轻人，不仅身强力壮，还在一般情况下都性情温良。在兄弟三人中，一人过21岁生日时，一位宾客说道："将三人中两人的年龄加起来，数值就正好相当于第三个人年龄的两倍。"

樵夫连连点头，附和道："在多年前，三兄弟中两人年龄的和正好与第三个人的年龄相等。"此时，寿星也不甘被抢了风头，便指出："就在父亲所说的那年，兄弟三人年龄加起来相当于那年到现在经过的年数的1.5倍。"

问题
三兄弟的年龄分别是多大？

答案见232页

四方院子

英格兰有一所著名大学，其下属的一所学院相当怪诞，为住校生修建的宿舍别出心裁，均为大型的四方形建筑，拥有宽广的内部庭院。宿舍中的每套房间都有一扇面向庭院的门，除此之外别无其他出口。每座宿舍的庭院四周都有80套房间，相邻房间的大门均完全相同，即庭院每侧的墙壁都被门平均分为21份。如果按照标准的绘制方法绘制宿舍地图，那么1号房间就会出现在地图中宿舍的左上角，而宿舍号则会按顺时针方向逐一增大，直至达到紧邻1号房间的80号房间。

一天晚上，住在9号、25号、52号和73号房间的学生打了个赌，内容为看看谁的房间离其他三人的房间最近。根据约定，距离指两套房间门口间的直线距离，以三个距离总和最小的为赢者。

问题

住在哪套房间的学生能赢？

答案见233页

数字招魂术

数字有时候具有强大的魔力，就连古时候的德鲁伊都知道这样的道理。有一个六位数的数字，无论是与2、3、4、5、6中的哪一个数字相乘，结果中的数码都会与原数完全相同，就连排列顺序都不会发生改变，唯一出现变化的，只是首个数字出现的位置。

问题

你能说出这样的数字吗？

答案见234页

迷宫

出发点为正中心的菱形，在迷宫中可以在其他路径的上方和下方自由穿行，但一旦遇到切断路径的横线，就意味着走进了死胡同。

问题
你能找出逃出迷宫的路径吗？

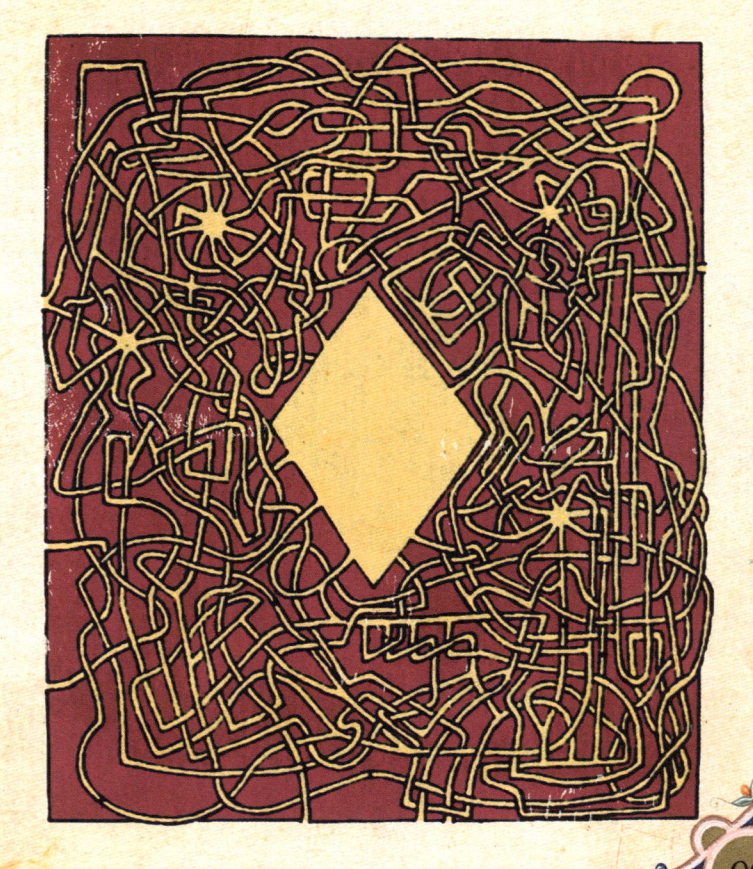

答案见235页

纽伦堡

在《纽伦堡和平协议》签订不久后，该市的一位技艺高超的金工重操旧业，开始摆弄钟表。匠人突然有所领悟，便把助手叫了过来。

"曼弗雷德，快过来看呀！钟表上指针的位置其实存在着相互联系。"

"嗯，穆勒先生，那么到底是怎么回事呢？"

"在一天中的某些时刻，钟表上的两个指针哪怕相互调换位置，也仍旧能准确地表示其他的时间，但这却只是比较少见的情况。如果用六点整打个比方的话，这时分针和时针排列成了一条直线，如果把它们对调位置，虽然看起来与12：30很像，但由于此时时针的位置不应正好指向表盘上的12点处，而是应当位于12点和1点之间，所以六点整并不属于我说的可以对调的情况。"

"我明白了。"

"我现在想让你做的是，计算出表盘上有多少可以这样对调的位置。"

问题
你能帮助手完成这项任务吗？

答案见236页

圣殿骑士的宝藏

圣殿骑士团得知教皇已经成为法国国王菲利普四世的傀儡，将会遵令宣布骑士团为异端，帮助国王侵占骑士团的财富。骑士们认为当务之急是保证骑士团的延续，所以决定转移包括圣物在内的大量财物，避免它们落入国王的手中。鉴于苏格兰的国王詹姆士既不会受制于法王，也不会听命罗马，骑士们在将财物严密打包后，准备将其运送到苏格兰王庭。

骑士团将手中的黄金铸成金块，每块的长、宽、高为12.5英寸、11英寸、1英寸。为了运输方便，金块被装入木箱，每箱800块，并配备有一队骑士团最为骁勇的骑士作为押运看守。木箱底面为正方形，高度可以保证在装满金块后不留任何空隙，但必须将不超过12个金块竖直摆放。木箱十分厚重坚固，所以被直接放置到了经过特殊加固处理的马车上，会与马车和驮马一起登上停靠于圣马洛港的运输船。

当菲利普四世进入骑士团总部时，前来迎接的只有几位老者和雅克·德·莫莱大团长，而骑士团则与其宝藏一起，消失到历史长河的滚滚波涛之中。

问题

那么用于运输金块的箱子长、宽、高分别是多少？回答时请用英寸作单位。

答案见237页

酒桶

一位马车夫、一位搬运工和一位箍桶匠花了很长时间，终于完成了一项艰巨的工作，为一位酿酒师向当地所有的酒吧运送了大量麦酒，避免了断货危机。由于工作不仅未出现任何差错，还完成得十分迅速，酿酒师大喜过望，便奖励了一桶出自其手最为优质的麦酒供三人分享，酒桶的容量为6夸脱。不幸的是，当三人坐下来准备打开酒桶开怀畅饮时，却发现手头只有两件容器，分别是一个5品脱的木桶和一只3品脱的石罐。（注：1夸脱等于2品脱）

问题

三人应当采用什么样的方法才能公平地分配麦酒？

答案见238页

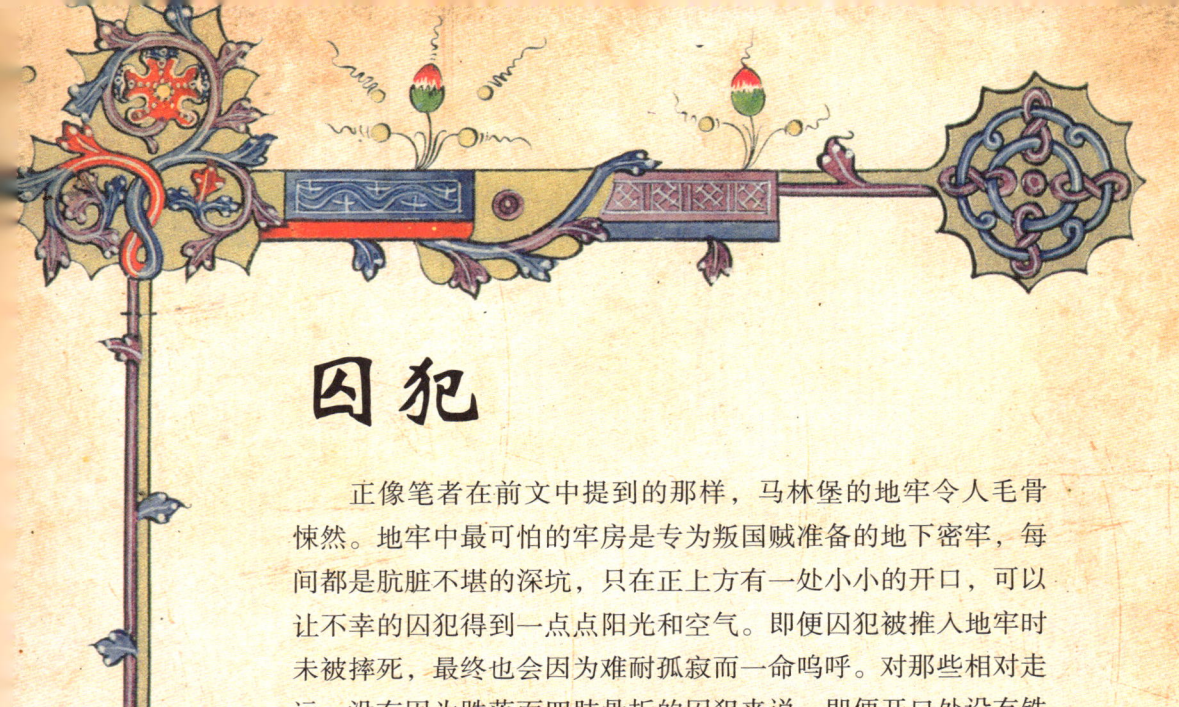

囚犯

正像笔者在前文中提到的那样,马林堡的地牢令人毛骨悚然。地牢中最可怕的牢房是专为叛国贼准备的地下密牢,每间都是肮脏不堪的深坑,只在正上方有一处小小的开口,可以让不幸的囚犯得到一点点阳光和空气。即便囚犯被推入地牢时未被摔死,最终也会因为难耐孤寂而一命呜呼。对那些相对走运,没有因为跌落而四肢骨折的囚犯来说,即便开口处设有铁栅,也会忍不住向上攀爬,想要逃出去。

一个囚犯每天都锲而不舍地想要爬到地牢顶部的开口。虽然地牢的墙壁稍稍倾斜,并非完全竖直,但向上攀爬仍然令人十分疲惫,所以囚犯每爬五分钟就必须停下来休息一会儿,囚犯会因此沿着墙壁下滑1码。在开始攀爬的头五分钟,囚犯可以向上爬2码,但每次休息后,攀爬距离与前一次相比都会减少10%。

问题

囚犯必须爬4.5码才能到达顶部的开口,那么他能否到达目的地?如果答案是肯定的,那么他需要爬几次才能得偿所愿?如果答案是否定的,那么他最高能爬几码?

答案见239页

法国的大麻烦

在圣殿骑士团遭到镇压后,国王的特务在一名骑士团的同情者身上搜出了一份文件,内容中有一组加密的数学算式。特务们认为算式中包含的信息也许与骑士团惊人的财富存在某种关联,因此感到十分不安,原因是国王陛下已经因为之前与宝藏失之交臂而愤怒不已,如果这次再出现差错,肯定会有人吃不了兜着走。

问题

你能破译出算式中符号代表的数字并且补全其中缺失的数值吗?

答案见 239 页

影 子

本页右侧的六个镜像中，只有一个与左侧的图像完全相同。你能找出是哪一个吗？

A　B　C

D　E　F

答案见 240 页

古董交易

　　泰尔城的一位古董商做了一笔好买卖,他将一尊看起来十分粗陋的小雕像卖给了一位年迈的绅士,售价高达十枚阿什拉菲德拉赫木银币,虽然感到十分高兴,但他心中却也十分惊奇。在钱货两清后,买主高兴地向商人透露,雕像其实是成双成对的,只要凑齐一对,价格就会成倍攀升,远不止十枚银币,然后告知商人,只要他能找到另一尊雕像,自己就愿意出十倍的价钱收购。

　　同日晚些时候,商人开始若无其事地四处打听,想要知道是不是真有另一尊一模一样的雕像。四天后,真有一个人走进了商人的店铺,掏出了一尊雕像,样子与自己卖出的那尊毫无差别。那人向商人开价三十枚阿什拉菲德拉赫木银币。

问题
商人应当购买雕像吗?

答案见241页

弹球

　　文艺复兴时期的意大利在艺术和科学方面取得了令人叹为观止的成就,让人感到兴奋不已,而列奥纳多·达·芬奇的一生能够完美地总结文艺复兴取得的成就,也许可被看作人类历史中最伟大的天才。当然了,那时人们取得的成就并非全部都能带来翻天覆地的变化。

　　现在让我们假设有两只具有完美弹性的弹球,一只极重,另一只则极轻。如果将较轻的那只放在较重那只的正上方,且两球紧贴,之后从1英尺的高度让两球做自由落体运动,而地面则为具有完美刚性的石板。

问题

那只极轻的弹球会弹多高?

答案见242页

爱丽丝

"你见过汤姆·沃思的妹妹吗？她简直太迷人了！"

"你是说爱丽丝吧。没错，我见过她，但我想你也知道这姑娘有些自作聪明。我曾问过她的芳龄，得到的答案却让人无言以对。"

"这是为什么呢？"

"你听好了：在之前的某一年，爱丽丝的年龄是汤姆现在年龄的一半，而那年汤姆的年龄是爱丽丝在未来某一年年龄的一半，而爱丽丝在未来那年的年龄正好是汤姆在某年年龄的三倍，而汤姆在那年的年龄则正好是爱丽丝那年年龄的三倍。另外，今年兄妹俩的年龄加起来是44岁。"

"我的老天！那么你是怎么回答她的呢？"

"我只是祝她健康长寿，然后就道别离开了。"

问题

爱丽丝今年多大？

答案见243页

朗姆酒生意

在过去,许多酒馆的店主为了让存货能够卖得更久,都会向酒中兑水,但店主们心里也很清楚,有些时候玩弄这样的伎俩会偷鸡不成蚀把米。康沃尔郡绿女巫旅店的老板比尔·胡佛就深谙此道,他知道绝对不能在走私贩子的朗姆酒中兑水,因为他们不仅喜欢用暴力解决问题,而且还绝不会手下留情。所以说,勾兑的时候必须要用劣质葡萄酒。

在准备招待这些"诚实的商人"时,比尔会拿出一对大酒罐,其中一只盛有一夸脱的朗姆酒,另一只则有一夸脱的葡萄酒。然后,他就会滴酒不漏地(因为无论如何这些可都是酒,而不是水)进行如下操作:向装有葡萄酒的罐子舀三勺朗姆酒,在搅拌均匀后,从葡萄酒罐中舀出两勺酒,倒回朗姆酒罐,再度搅拌均匀后,从朗姆酒酒罐中舀出一勺加入葡萄酒酒罐,最后从葡萄酒酒罐中舀出两勺加入朗姆酒酒罐,不需搅拌。在完成后,比尔就会用朗姆酒酒罐来招待走私者,对他们说:"小伙子们,这可是上好的朗姆酒,货真价实!"葡萄酒罐中的酒则会被比尔用来招待其他客人,号称是"真正的朗姆酒,童叟无欺"。

问题

那么到底是葡萄酒酒罐中的朗姆酒更多,还是朗姆酒酒罐中的葡萄酒更多?

答案见244页

了不得的图案

下方的图案与之前在本书中出现的那个相似图案一样,都是在森林中找到的,在人们清除了上方厚厚的苔藓后才重见天日。

问题
图案中间的数字应当是多少?

14

38　　　　9

?

3　　　　11

13

答案见244页

交叉线

一座位于小山上的堡垒小有名气，原因是堡垒中有两根旗杆，高度差距悬殊，其中一根只有5厄尔，而另一根则高达17厄尔，令人印象深刻。旗杆上都挂着旌旗，还都拉有铁丝，各自从最高点延伸至另一根旗杆的最低点，而两根铁丝的交叉点则有铁丝加固，用来悬挂指挥官的纹章。

问题

铁丝交叉点的高度是多少？

答案见245页

刺绣

昂娜在与埃琳娜、乔治娜和安娜练习刺绣时发现,乔治娜和埃琳娜的亲属关系与自己和安娜的相同,此外自己与埃琳娜的亲属关系和乔治娜与自己的相同。

问题
四位姑娘之间存在何种亲属关系?

答案见 245 页

到时间了

如果以55分钟前的时间作为基准点，那么下午4∶30到该时刻经过的分钟数就等于该时刻到下午7∶00将要经过的分钟数。

问题
现在几点了？

百年战争

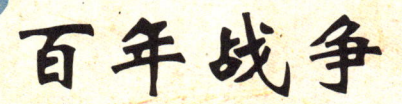

法国的多尔多涅区长期以来饱受战争蹂躏，当地居民经常需要采用加密手段，保证关键信息不被敌方所用。下方的图案再现了人们在该地区山洞中找到的石板，可以让各位读者领略到当时谍影密布的氛围。石板上的字母与阿拉伯数字间存在着某种数学关系。

问题
第三块石板上缺失的三个字母分别是什么？

9	1	6	1			
2	3	9	5	A	G	C
9	8	8	1			

7	5	7	8			
3	6	9	4	A	H	B
4	9	7	2			

4	2	6	1			
3	9	4	5	?	?	?
8	1	5	7			

答案见 246 页

兔子快跑

　　一个看起来五大三粗的男子正在拼命奔跑，身后紧跟着一大群全副武装的人，其中每个人看起来都暴跳如雷。在甩开追兵一段距离后，男子回头瞟了一眼，便奋力跳向监狱围墙。别看他样子相当笨拙，但实际上却很有运动神经，只用了几秒钟就爬上了墙头。在翻身下墙，把武装人员留在另一边后，男子长舒了一口气，然后马上动身去找城镇守卫。

问题
男子刚刚摆脱了追捕，为何马上又去找守卫人员？

答案见246页

玫瑰之谜

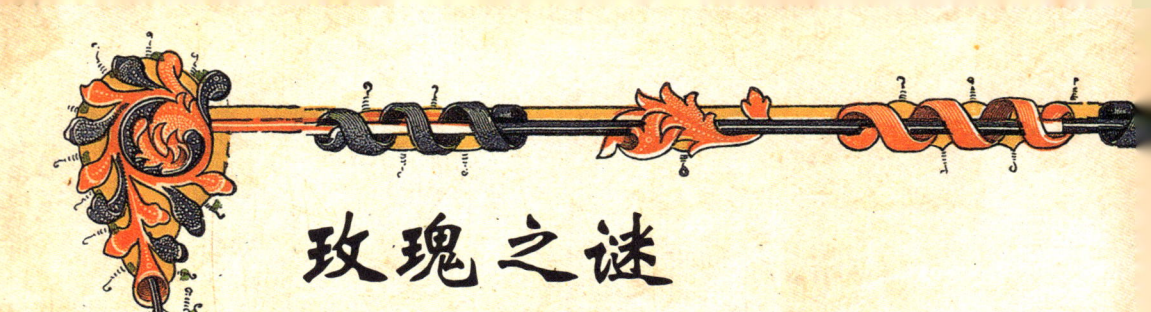

你找到了一条压箱底的玫瑰手串。

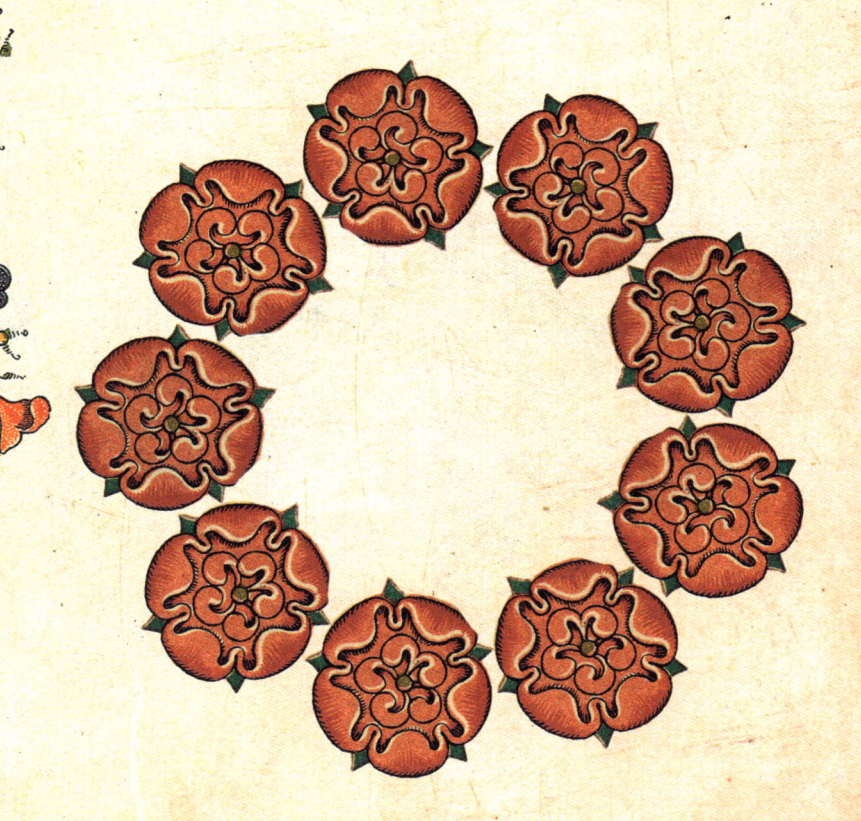

问题

你能重新排列手串中的玫瑰花，将它们排列成九行，每行三朵吗？

答案见247页

沙菲尔

　　奥马尔·沙菲尔是一位经营珍奇香水和软膏的商人，在去世后留给三个儿子30个价值连城的饰瓶，在遗嘱中要求进行平均分配。这30个瓶子共分为三种，每种各10个，第一种装满了香水，第二种只装了一半，第三种则空空如也。

问题

应当如何分配，才能让每个人既得到10个饰瓶，获得香水的量又相当于5满瓶，还保证每个人至少每种饰瓶都能分得3个？

答案见247页

在路上

　　一位信使在普罗旺斯的乡间小道上骑马赶路,在途中发现一个农夫正站在一个大坑中拼命掘土,顿时感到十分好奇,便停下来问道:"伙计,你挖的坑似乎已经很深了啊。你还准备挖多久啊?"

　　农夫答道:"这是给绵羊挖的。"虽然那农夫只是抬头看了一眼,但信使却感到其面露凶光。"我已经挖了三分之一了,等完成后,我脑袋距地面的距离就将会是它目前在地面之上距离的两倍。顺便提一下,我的身高是180厘米。"

　　"真是了不得的大工程啊。"信使紧张地回答道,然后便调转马头迅速地离开了,生怕农夫告诉自己深坑真正的用途。

问题
农夫挖的坑到底有多深?

答案见248页

称重

平衡是一种令人羡慕的状态，不仅代表着公平、公正，甚至还有一丝完美的意味。平衡的优点在买卖中表现得尤为突出，因为如果对不平衡的状态置之不理，就会让局面变得不可收拾，最终令所有人都一无所得。请大家一定不要忘记，这可是意义重大的教训。

本页下方展示的计重秤都完全达到了平衡的状态。

问题

如果图片中的符号都是整数，那么每个符号最小分别代表着多大的重量？

$$☿☽ \ =\ ☿☉☿☉$$

$$☽☽ \ =\ ☉☿☉☉☿☉$$

$$☿☿☿ \ =\ ☉☽☉☽☉$$

答案见248页

马尔莫一家

马尔莫一家一片欢喜的景象，全家都在庆祝大小姐路易莎21岁的生日。在宾客们到齐后，全家五个孩子按照年龄由小到大的顺序逐一出场。首先站在大家面前的是小女儿诺瑞娜，紧接着登场的是二儿子比亚吉诺。兄妹俩的阿姨对自己的女儿悄悄地说道："你知道吧，比亚吉诺的年龄是诺瑞娜的两倍。"第三个上场的是二女儿爱蜜妮亚。"啊，这样的话，女儿们的年龄加起来就正好是二儿子的两倍了。"小女孩只是翻了个白眼。

之后登场的大儿子萨尔瓦多令阿姨大为兴奋，她高兴地说现在两个男孩的岁数加起来就又是两个女孩岁数的两倍了。在路易莎最终登场后，生日会便开始了。"到最后还是女孩们赢了，年龄是那两个男孩的两倍。"阿姨说道，但小女孩根本就没听到，而是径直冲向了摆放油酥点心的地方。

问题
马尔莫的五个孩子年龄分别有多大？

答案见248页

分秒必争

居住在日内瓦的巴拉斯先生正在端详一座钟表的钟面。钟表虽然华丽，上面的指针却一动不动地停留在了8点整。这时，巴拉斯的朋友，站在一旁的韦伯先生说道："为什么时针和分针没有重合在一起呢？"

"那样的话，时间就不是八点了。"巴拉斯先生答道。

"的确，那样的话就是12点了。"

"也未必，"巴拉斯先生耸了耸肩，"表盘上的时针和分针在12小时中会重合数次。"

韦伯皱起了眉头，满腹狐疑地盯着巴拉斯。

问题

那么在8点之后，时针和分针会在什么时候首次完全重合呢？

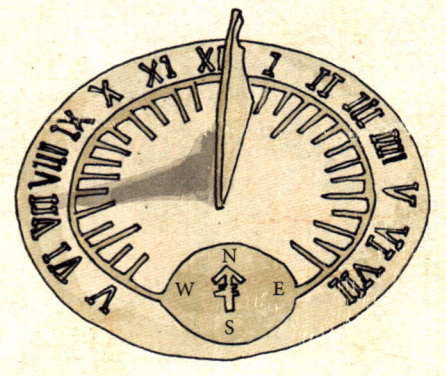

答案见249页

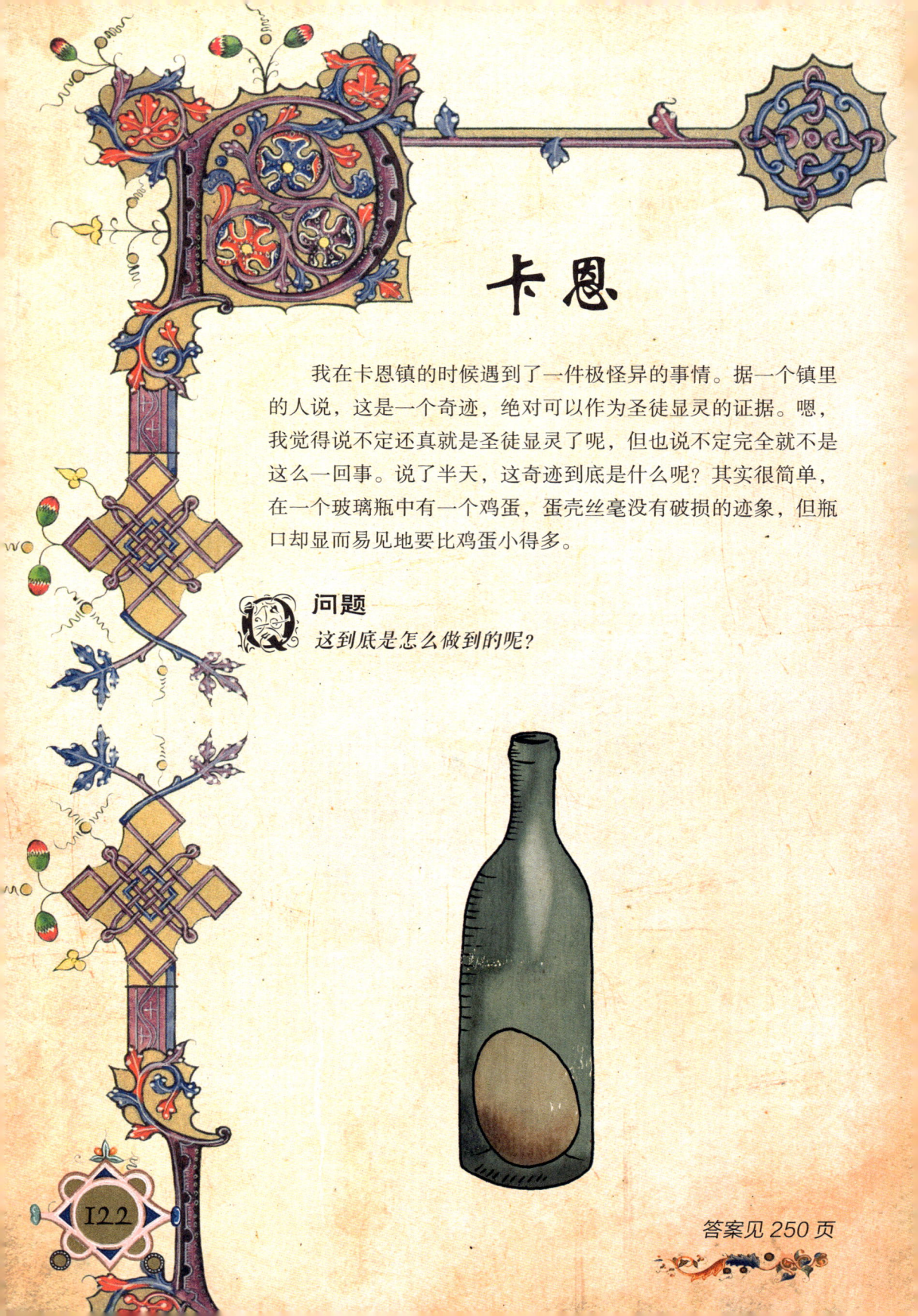

卡恩

我在卡恩镇的时候遇到了一件极怪异的事情。据一个镇里的人说，这是一个奇迹，绝对可以作为圣徒显灵的证据。嗯，我觉得说不定还真就是圣徒显灵了呢，但也说不定完全就不是这么一回事。说了半天，这奇迹到底是什么呢？其实很简单，在一个玻璃瓶中有一个鸡蛋，蛋壳丝毫没有破损的迹象，但瓶口却显而易见地要比鸡蛋小得多。

问题
这到底是怎么做到的呢？

答案见 250 页

孤注一掷

对决的双方正襟危坐于一张正方形桌子的两侧，每个人手中都攥着一大把木棍，所有的木棍长度都为4英寸，一端扁平，另一端则装有一个直径四分之一英寸的圆头，逐渐均匀变细，直至只剩一个尖端。

赢得比赛的一方不仅可以获得无尽的荣誉，还能够获得全村的尊敬。取胜的标准是，看看谁能在保证不碰到任何已经插到桌子上的木棍的前提下，成功地插上最后一根木棍，除此之外只有一项规则，即双方既不可以对桌子动手脚，也不能影响对手比赛。村中旅店的老板担任此次比赛的裁判，他神色凝重地宣布将以抛硬币的方法决定选手比赛的先后顺序。在得知箍桶匠要首先出手时，坐在对面的造箭师脸上忍不住露出了微笑，但在箍桶匠插入第一根木棍后，造箭师却马上泄了气。

问题

箍桶匠到底把第一根木棍插到了哪里了呢？

答案见 250 页

指出不同之处

本题中的两张图有10处不同的地方，你能把它们都找出来吗？

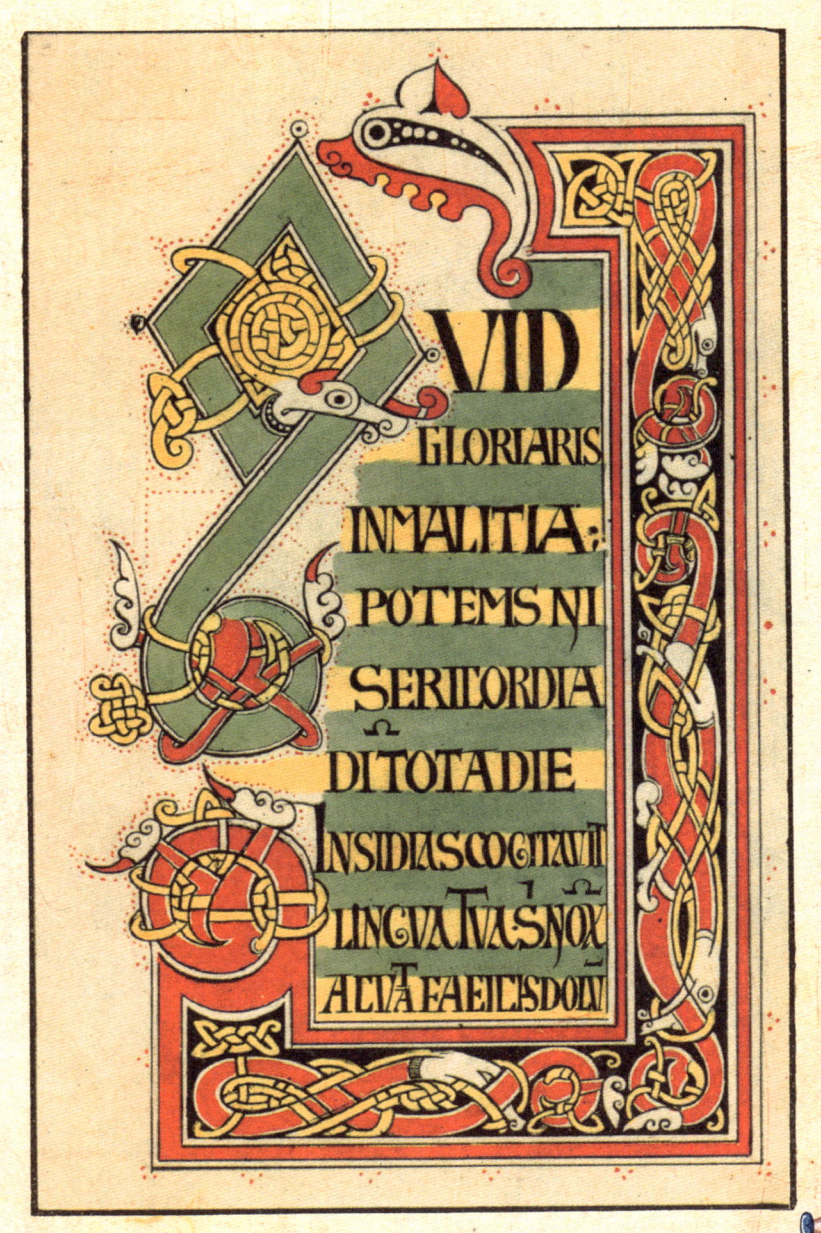

答案见251页

谁动了我的心脏

　　塞维利亚的一位贵族小姐嗓子疼已经有一段时间了，所以决定去看医生。医生在问了几个问题后，让患者张开嘴，好看看患处的情况，但此时他却倒吸了一口凉气，一边大喊"犯心脏病了"，一边猛摇警铃。医生的助手马上跑进了诊室，在了解情况后，认为的确是心脏病，而且还十分严重，患者肯定需要很久才能痊愈。但奇怪的是，那位小姐不仅当晚就回家了，而且还能够四处走动，完全没有任何患病的迹象。

问题
到底发生了什么呢？

答案见 252 页

巡逻的骑士

布莱斯和理查德是两位十字军骑士,受命在一条朝圣道上巡逻,保护朝圣者免遭道路周边地区猖獗匪患之害。两人的巡逻时间是7天,每天早上6点出发,下午6点停下休息,巡逻方向相同,但出发点却相距14英里。

布莱斯年事已高,精力大不如前,感到巡逻工作已经有些力不从心。他从十字军的基地出发,第一天巡逻了10英里,但之后由于疲惫难耐,每天都会少走1英里。理查德的出发点领先于布莱斯,因为身负重伤,第一天只走了2英里,但之后每天都会多走2英里。

问题

两位骑士会于何时在路上相遇?相遇时距基地又有多远?

答案见252页

成捆的芦笋

　　蒂娜十分喜欢吃芦笋，她每星期至少会去一次市场，从农夫克里斯托处购买一捆直径为10英寸的芦笋。一天早上，蒂娜发现克里斯托没有从距城镇数村之隔的农场赶到市场，而是派了一个在农场上帮忙的名叫吉亚尼的年轻人去。吉亚尼看出蒂娜有些担心，便说农场上一切安好，然后告知这位老主顾，他将芦笋捆成了直径5英寸的小捆，所以蒂娜只需支付往常的价钱，就可以获得两捆芦笋，而且作为优惠，不必支付额外的包装费。

问题
如果两人就此成交，那么是谁占到了便宜呢？

答案见252页

三方桥

　　华山脚下有一座古老的道观，虽然规模很小，但其中的奥秘却引发了众多猜测。道观中有一扇门，门外的小路径直通向山中，止于一座借天然洞穴之利修建的池塘。池塘上有如下所示一系列用木梁修建的独木桥，根据传说，只要能够沿着一条路线走完全程，并保证不走回头路，就可以得道升天。

问题
你能找到得道之路吗？

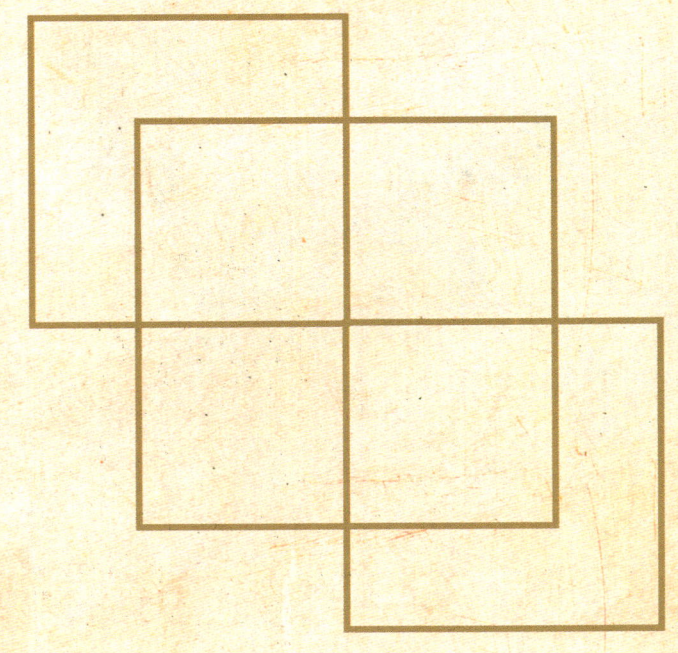

答案见253页

威尼斯商人

　　威尼斯城中有一位商人，专营一种日常生活息息相关的商品。商人手中囤积着大量货物，虽然种类多样，但却都用于同一种用途。一些种类拥有上百万个部件，而另一些则只有不到20个，有些甚至没有任何部件，完全是实心的，但无论复杂程度如何，所有商品却都能丝毫不差地起到同样的作用。

　　商人的商品不仅复杂程度千差万别，大小的差别也是天上地下，最小的只有指甲盖那么大，最大的则比一个成年人还高、还重，但无论如何，商品的复杂程度与其大小间却不存在任何联系。

问题
那么这商人到底是做什么买卖的呢？

答案见253页

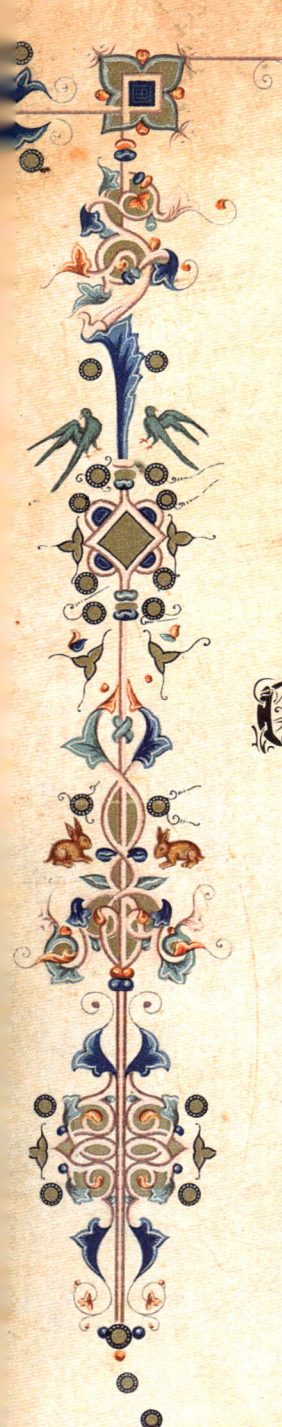

人丁兴旺

威尔·约翰逊有许多同胞兄妹，姐妹的数量是兄弟数量的两倍，而威尔的妹妹玛丽姐妹的数量则与兄弟相同。约翰·威尔逊是约翰逊一家的邻居，也有许多同胞兄妹，其中姐妹的数量是兄弟数量的三倍，但他的妹妹芭芭拉却与玛丽·约翰逊一样，姐妹的数量与兄弟的数量相等。

问题

在两家人数最少的情况下，威尔·约翰逊与约翰·威尔逊相比谁的兄弟更多？

答案见254页

身陷囹圄的王后

奥索雷王国国运衰落，王后发现自己深陷囹圄，与儿女一起成了自己城堡高塔中的囚犯。用作监牢的房间之外有一组滑轮，滑轮绳索两端各系着一只木桶，当一只木桶在地上时，另一只就会正好位于窗边。

王后的体重是195磅，其女儿和儿子的体重则分别是105磅和90磅。此外，王后还从城堡各处搜集了许多金银细软，装在一个箱子中，重量为75磅。显而易见，如果在位于地面的木桶空空如也的情况下贸然想用窗边的木桶逃出监牢，后果肯定会不堪设想，但王后通过计算得出，只要两个木桶的重量之差不超过16磅，乘桶逃脱的人就不会在下落的过程中受到任何伤害。

问题

那么王后应当如何与儿女一起携带财宝逃走呢？

答案见255页

重量平衡

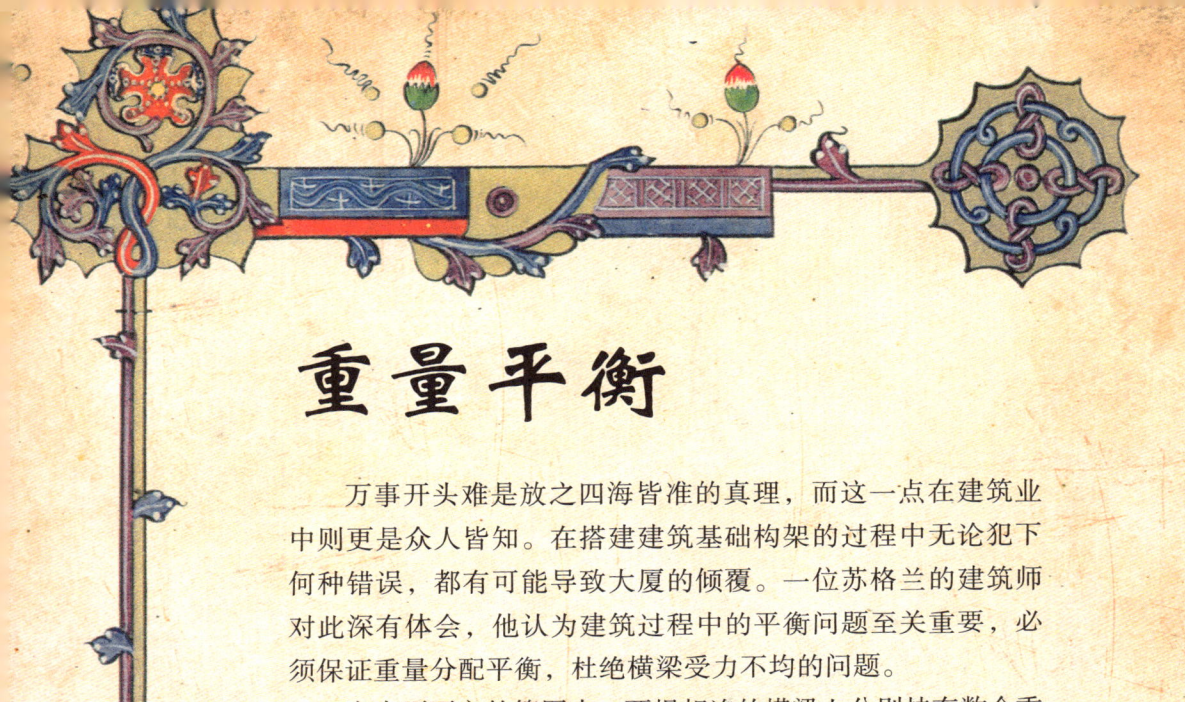

万事开头难是放之四海皆准的真理,而这一点在建筑业中则更是众人皆知。在搭建建筑基础构架的过程中无论犯下何种错误,都有可能导致大厦的倾覆。一位苏格兰的建筑师对此深有体会,他认为建筑过程中的平衡问题至关重要,必须保证重量分配平衡,杜绝横梁受力不均的问题。

在本页下方的简图中,两根相连的横梁上分别挂有数个重物,但却拥有一个共同的支点。图中粉红和棕色的方块长度相等,此外横梁、连杆及旋转点不仅均为刚性,重量与负载相比也均可忽略。图中的数字为负载的重量,单位为英担。

问题

如果想要保证图中横梁的平衡,那么以问号表示的负载重量应当是多少?

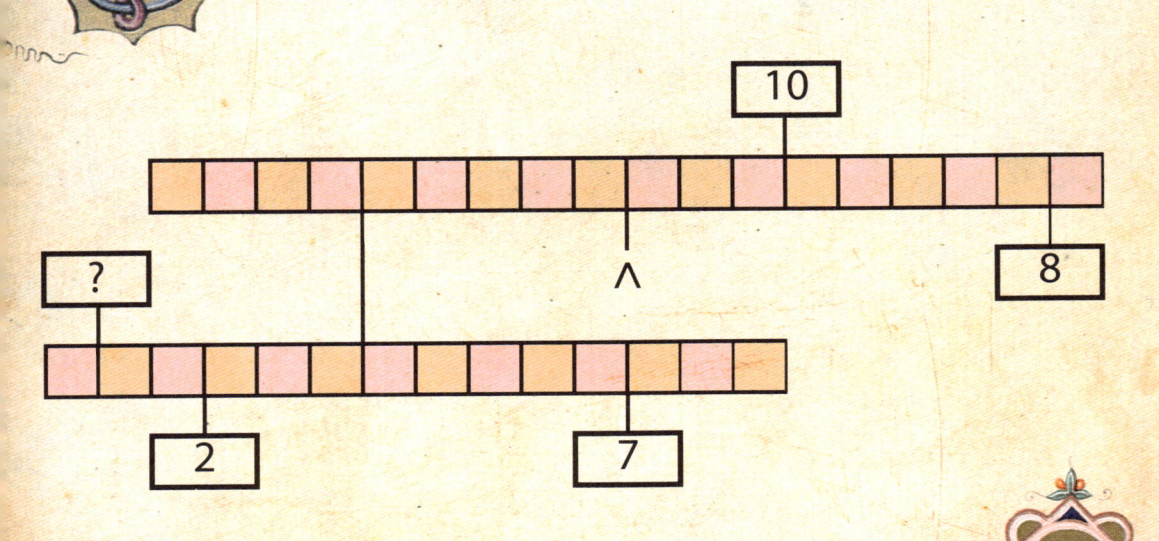

答案见 256 页

数炮弹

一位士兵一筹莫展地看着几个装满了炮弹的大木箱,他正绞尽脑汁想要找到问题的答案,因为军士命令他搞清楚弹药库到底还存有多少炮弹,但木箱上却连个数字的影儿都找不到。

在反复测量坚固的木箱后,士兵发现每个箱子的长、宽、高分别是22.8英寸、24.9英寸和14英寸。此外,士兵还知道每枚炮弹的直径是2英寸,并且所有木箱都装满了炮弹。

问题

如果一共有四个木箱,那么弹药库还有多少炮弹?

答案见257页

高手谜题

逃窜的公鸡

奥托是格伦瓦尔德的居民,一天下午他发现自己最珍爱的公鸡比利一溜烟地穿过前院,在出门口后,消失在树林中。比利不仅翅膀经过修剪,不能飞行,而且森林中灌木十分茂密,即便对一只逃跑心切的鸡来说,也困难重重。尽管如此,比利逃跑的速度仍然十分迅速。奥托看到比利逃跑后大惊失色,扔掉手中的木柴撒腿便追。

比利刚开始的时候领先奥托10英尺,它以高达20英里的时速逃跑。尽管森林中有许多障碍,但奥托仍然能够以12英里的时速奔跑,只是每过60秒就必须休息几分钟。比利逃跑的过程也不是一帆风顺,由于灌木十分茂密,它很快就变得疲惫不堪,所以时速每3秒就会下降每小时1英里,直至下降至最低的每小时1英里的速度。

问题
奥托能逮到比利吗?

答案见259页

情侣

　　一对情侣正在讨论各自过去的经历,他们发现两人今年的年龄加起来刚好是49岁。此外,当男士的年龄与女士今年的年龄相等时,女士那年的年龄正好是男士的一半。

问题
这对情侣的年龄分别是多少?

答案见259页

种玫瑰

本页下方有九朵玫瑰，你是否能够找到办法，将它们种成笔直的十列，每列有三朵玫瑰？

问题
如果答案是肯定的，就说出排列方式；如果答案是否定的，就说明原因。

答案见 260 页

披巾之争

巴夏有三个女儿，分别是荷黛丝、塞利梅和艾苏尔，每个人都织功精湛，织出的披巾令人赞不绝口，在人们眼中几乎成为神话中的圣物。三人都以自己的技艺为傲，相互间存在激烈的竞争，想要证明自己才是最优秀的织工。评判的标准既不止于保暖性能，又不限于轻柔的程度，甚至也不单单只看编织的速度，而是必须将这三者全部考虑在内。

荷黛丝织五条披巾的时间只够塞利梅织两条，但荷黛丝织三条围巾的时间却足够让艾苏尔织四条。荷黛丝一条披巾的重量就相当于艾苏尔五条的重量，而艾苏尔三条围巾的重量则相当于塞利梅五条的重量。艾苏尔四条围巾的保暖性能只相当于塞利梅的一条，但荷黛丝一条的保暖性能却相当于塞利梅的三条。

问题

虽然不同的人对好披巾的评判标准各有不同，但如果认为编织速度与轻柔和保暖性能同等重要，那么三姐妹中最优秀的织工到底是谁呢？

答案见261页

总督的彩方

威尼斯的总督有时会异想天开,所以某天当一位廷臣拿着一个小小的布口袋闯进了洛伦佐的作坊,让画师马上放下手上的活儿时,洛伦佐虽然觉得有些吃惊,但也并不觉得这是意料之外的事情。洛伦佐在工作台上清理出了一小块地方,让廷臣倒出口袋中的东西,发现工作台上堆起了不小的一堆正方形的小木块。两个人站着一动不动,盯着那些木块看了一小会儿。

终于,廷臣煞有介事地咳嗽了一声:"你能涂出来多少不同的木块?"

洛伦佐转头不解地看着廷臣。

"我的意思是,如果以颜色相同的一面为起点旋转两个方块,且两个方块每面的颜色都是一样的,那么它们就是相同的方块。假设你只能用六种颜色,而且每面上只能有一种颜色,那么不同的方块肯定有一个数量的上限。总督想知道的就是这个数量。如果你觉得有必要,就可以用桌子上的方块做试验。"

"这可不是艺术家的工作呀。"洛伦佐说。

"但总督可不这么认为。"廷臣答道。

问题

答案是多少?

答案见 262 页

曲径花园

本页下面的图片展示了一座美轮美奂的玫瑰园的设计方案。

问题

如果以花园的顶端为起点,只能沿着蓝色的路径前进,是否有方法能够在保证不走回头路的前提下逛完整个花园?

答案见262页

马车夫

两位马车夫相互挑战，挑选了绕威斯敏斯特和马里波恩的环形路线，以车站为起点，其中一位绕着这条平日经常走的路线向东行驶，而另一位则向西行驶。

问题

由于路况不同，向东行驶的马车需要3个小时才能跑完全程，而向西行驶的则只需2个小时。车站每隔15分钟同时向两个方向发车，如果将上述两位车夫的马车算作正常运营的马车，那么在返回车站前，哪位车夫会遇到更多与自己运行方向相反的马车？会多出多少架？

答案见263页

填空

在本题中出现了：

_____ 次数字1

_____ 次数字2

_____ 次数字3

_____ 次数字4

_____ 次数字5

问题
在题面中的空格上填上1-9中的任意一个整数，使题面能够自圆其说。

答案见264页

万年历

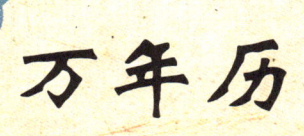

随便挑选出一个年份，那么是否任意指定日期都肯定有七分之一的概率是一星期中的给定日？

答案见 264 页

配对

本页下面，右侧的八个镜像中，有两个与左侧的图像完全相同。你能找出是哪两个吗？

A　　　B　　　C　　　D

E　　　F　　　G　　　H

答案见 265 页

托莱多

本页下方的平面图是城中一座大宅的略图。大宅通风良好，其中的房屋环绕四个优雅的庭院修建，空余空间则种有花园。为了能让业主享受到数学的乐趣，建筑师在大宅中加入了一些数学游戏，可以让其中居民世代以此为乐。根据建筑师的设计，大宅中庭院上的数字是通过计算其四周的四个数字得出的。

问题

第四个庭院上的数字应当是多少？

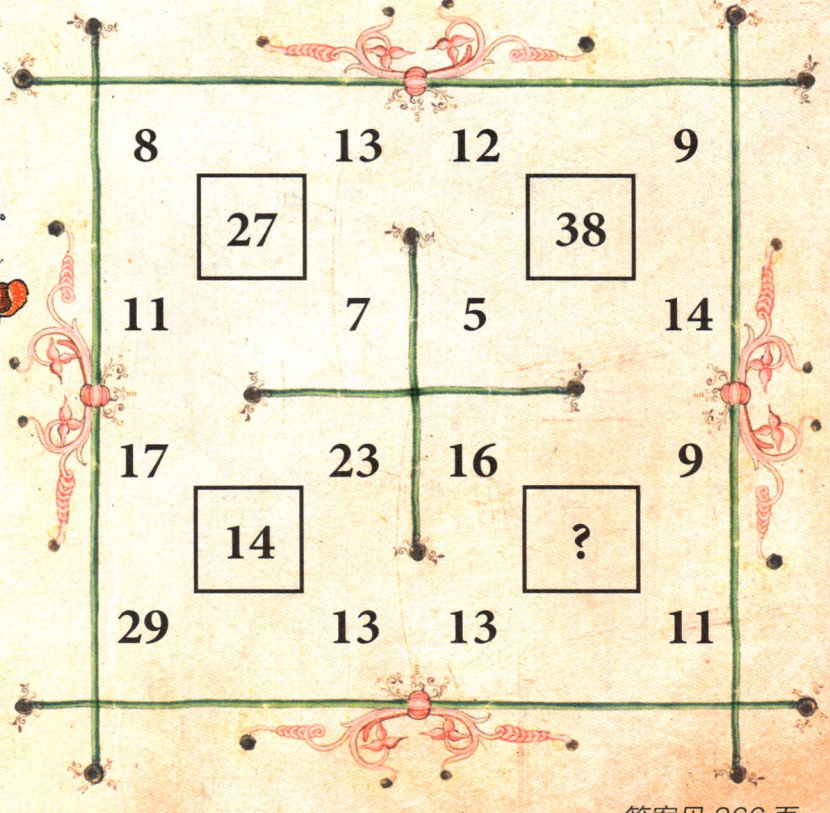

	8	13	12	9	
	27		**38**	
11		7	5		14
	14		**?**	
17		23	16		9
	29	13	13	11	

答案见 266 页

数学神话

长久以来人们都知道，某一数字拥有一项十分奇特的特性，即10 000 000至100 000 000间的任何整数，只要头四位与后四位完全相同，就可以被其整除，而且该数字各数位数字的和等于10。

问题
这数字是几？

里斯

波伊斯王国有一个人名叫里斯,离世的方式不仅十分奇特,还令人毛骨悚然。里斯死于十月十四日,但下葬的日子却是同年十月十二日。

问题
这到底是怎么回事呢?

答案见267页

摆弄筹码

"来来来，好伙计，让我们玩个游戏吧。要是你赢了，我就会按照你说的价钱买走你的羊皮。这儿有两个口袋，第一个口袋里面有一个筹码，我对天发誓，它如果不是黑的，那么就是白的。第二个口袋里面有三个筹码，分别是一个白的和两个黑的。好，现在我向第一个口袋里面加一个白色的筹码，然后晃一晃它。我把手伸到口袋中，从两个筹码中随机拿出一个。嗯，是个白色的，你看到了吧！"

问题

现在就请回答，你要怎样做才更有可能摸出白色的筹码？是靠丢硬币随机选取一个口袋，然后从中拿出一个筹码呢？还是将两个口袋中的筹码倒进同一个口袋里面，然后从所有的筹码中摸出一个呢？

答案见267页

纵横图

自《洛书》于公元前七世纪成书以来，纵横图就不仅在数学领域十分重要，甚至在神秘学中也具有举足轻重的地位。纵横图又名九宫图，无论是在易经算命中，还是在风水学中，都是十分重要的工具，此外据传还对大禹有着极为重要的意义。下方的纵横图比九宫图更为复杂，除了1~49这些数字均会在其中出现一次，而且每行、每列、每条对角线上的数字的和还都等于175。

问题

你能完成这幅纵横图吗？阿格里帕认为此图中蕴含着维纳斯的圣谕，也许会对解密有所帮助。

			41			
			17			
			49			
13	31	7	25	43	19	37
			1			
			33			
			9			

答案见268页

棋逢对手

斯诺瑞和罗格那德都是挪威板棋好手，两人棋力相当，旁人根本就无法猜出对决的结果。让大家兴奋不已的是，两人决定挑一天晚上在酒馆中举行一次共13局的比赛，胜者将会赢得10枚小银币。

在比赛完8局后，科尔·斯诺瑞森冲进了酒馆，非要把父亲拉回家去断家务事，惹得大家十分气恼。斯诺瑞正以5：3领先，声称自己应当拿走所有的奖金，但罗格那德却不同意，坚称因为比赛还未最终结束，二人应当平分奖金。这时，坐在角落里的老马格努斯发话了，他说有一个解决问题的办法，比上面两种方法都要公平。

问题

那么这到底是什么样的方法呢？

答案见269页

箱子

"爷爷，这箱子有多大啊？"

"小子，这要看你说的'大'到底是什么意思了。箱子顶部的面积是120平方英寸，一端的面积是80平方英寸，而侧面则是96平方英寸。"

"但这和啥都没告诉我也没什么两样啊！"

"啊！才不是这样呢！只要你能够答出箱子的长、宽和高，我就会给你一块饼干。"

问题
这箱子到底有多大？

答案见270页

毛巾

爱德华手中挥舞着妈妈的一块毛巾,他对弟弟托马斯说:"敢和我打个赌吗?"

托马斯一脸狐疑地看着爱德华:"你要赌什么?"

"赌约的内容是,在我把手中的毛巾放到地上后,我们俩各自站在毛巾的两端,我赌我们俩的手握不到一起。"

"你不会耍什么花招吧?比如把手放到背后,或者装作抬不起手来什么的。"托马斯说。

"不不不,我才不会耍这些小花招呢,"爱德华答道,"如果我没能阻止握手,就算你赢,怎么样?"

托马斯绞尽脑汁思考了很久也琢磨不出来哥哥到底葫芦里面卖的什么药,最后他答应了赌约,但是不出所料地输掉了赌注。

问题
爱德华是怎么赢的?

答案见271页

配对

在本题的九个小图中，只有一个与大图完全相同，请找出与大图相同的小图。

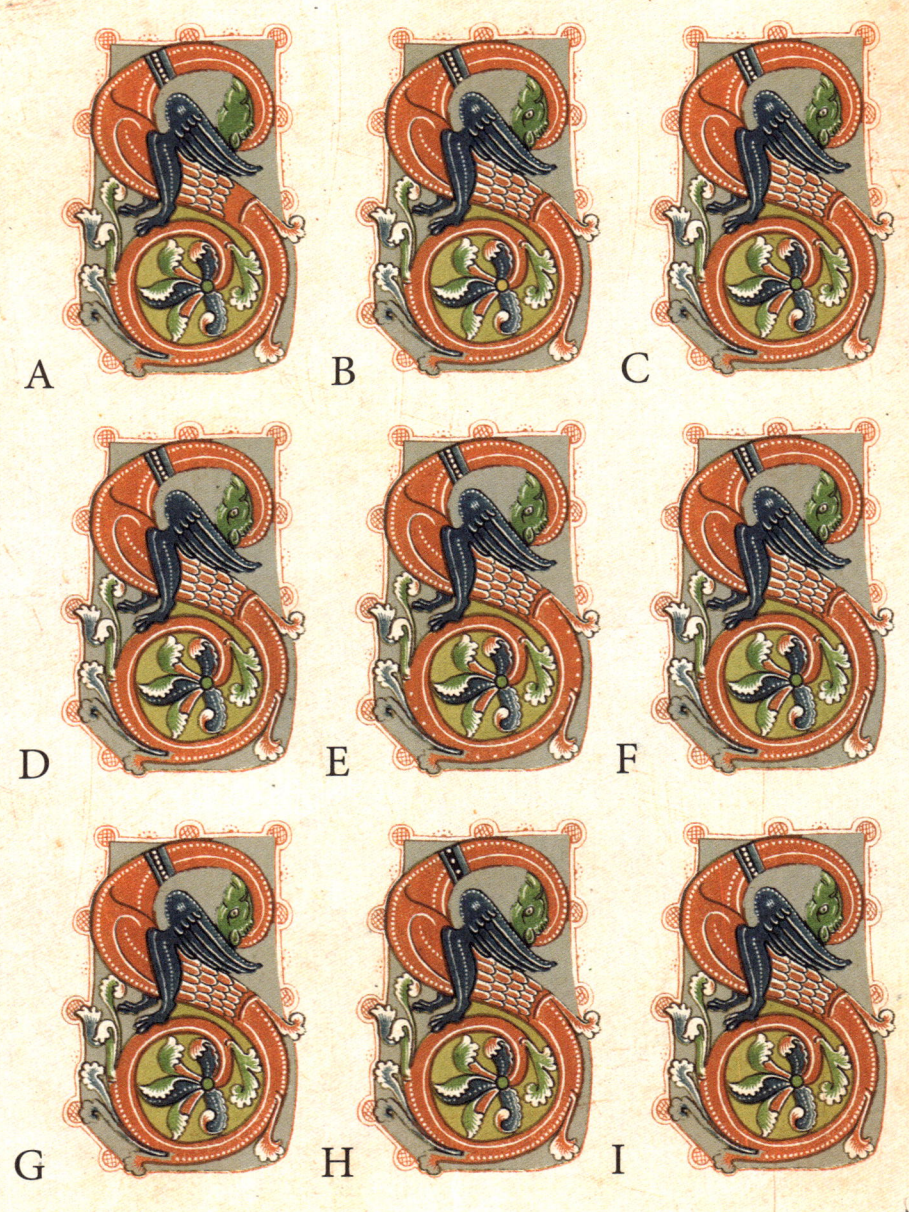

A　　　　　　B　　　　　　C

D　　　　　　E　　　　　　F

G　　　　　　H　　　　　　I

答案见272页

历史的迷雾

圣殿骑士团的大部分成员都逃离法国，加入了英格兰和苏格兰的共济会，只留下大团长雅克·德·莫莱和寥寥几位年事已高的团员面对法王菲利普四世的愤怒，忍受国王的酷刑折磨。

德·莫莱在受火刑时向法王及其傀儡教皇发出了骇人的诅咒，声称两人不出一年便将命丧黄泉。不知是否算得上是机缘巧合，不仅大团长的诅咒成真，菲利普也没获得骑士团巨量的财富。骑士团的宝藏连同运宝船队一起，消失在了历史的迷雾中，而毫无疑问的是，这在很大程度上都归功于骑士团精密的密码系统。

问题
你能破译下方加密的算式并补全缺失的数字吗？

答案见273页

灯油危机

　　星期六傍晚,在太阳快要落山时麦克斯才发现家里没有灯油了。邻居迪特尔和尼尔斯伸出了援助之手。迪特尔有8品脱的灯油,而尼尔斯则有5品脱,两人在将灯油倒在一起后分成了三份,即每人获得了四又三分之一品脱的灯油。麦克斯千恩万谢,在给了两位好邻居13个铜币后,便兴高采烈地拿着灯油回家了。

问题
迪特尔和尼尔斯应当怎样分配这13个铜币呢?

答案见273页

多明我会的修士

　　一群来自全国各处的修士齐聚萨拉戈萨,将要举行一系列重要的会议。修士们决定,为了表达与会者的虔诚之心,应当选出一位代表,在会议的第一天夜里向圣多明古伊托·德尔瓦尔祈告,从日落时起,直至日出之时为止。

　　出席会议的22名修士决定要让上帝选出进行苦行赎罪之人,于是便叫来一位助手,让其作为传达上帝旨意的媒介。日落时分,所有的修士都聚在一起,围成一个圆圈,而助手的任务则是绕圈行走,从1数到7,数字为7的修士可以不必参与苦行,直至剩一人,也就是被选中进行祈告之人。助手的上司平日过于严苛,动不动就会因为一点小事而对其他加以责罚,所以助手决定让其成为被选之人。

问题
助手应当怎样做才能保证自己的上司被选中呢?

答案见274页

鲁伯特正方形

在你面前有一块正方形的木板,边长为12英寸。

问题

是否有办法将木板分成完全相同的两份?条件是可以将分开后的木板重新组合成一个长和宽分别为16英寸和9英寸的长方形。

答案见275页

阿尔哈萨德

在大马士革城,一队守卫来到了市集广场,发现一个声名狼藉的沙漠流浪者惨遭杀害。死者以贤人自居,自称是可以运用不洁力量的预言家,以至于有些人认为凶手是神怪,行凶的原因是受害人泄露了不可告人的秘密。但守卫们可不相信什么魑魅魍魉,很快便抓到了五个嫌疑人,他们不仅都名声不佳,在事发时还都在现场。五位嫌疑人分别交代了情况,其中有两人撒了谎。

哈姆扎:"拉苏尔是凶手,这家伙像野狗一样凶残。"

拉苏尔:"哈姆扎是在栽赃嫁祸,因为他还在为我与他妹妹的事情耿耿于怀。"

阿利姆:"你们为啥都盯着可怜的穆尼尔看呢?他可是什么坏事都没做啊!"

穆尼尔:"我的好朋友哈马尔所说句句属实。"

哈马尔:"我可从来都没有行凶杀人,不管是男是女,还是小孩。我就不是会做这种事的人。"

问题

那么根据逻辑推理,凶手到底是谁?

答案见276页

学以致用

一位学者在尼斯城担任贵族的导师。他有一个习惯，在认为学生已经掌握了足够的数学知识后，喜欢用一道数学难题考验学生。如果学生能够在适当的时间内得出正确的答案，学者就会开始教授其他的知识，但如果不能回答正确，学生就必须继续学习四则运算。

学者的题目为：用1~9这九个数字编写a+b=c这样一个等式，每个数字都必须用且只能用到一次，等式中可以出现普通分数。

问题

等式应当是什么样的呢？

答案见276页

稀奇古怪

人们在一片古老森林中寂静的一角发现了一个奇怪的图案，与本书前面出现的如出一辙。

问题

图案中间的数字应当是多少？

8

78　　　　　16

?

4　　　　　14

2

答案见277页

布莱克·罗伯

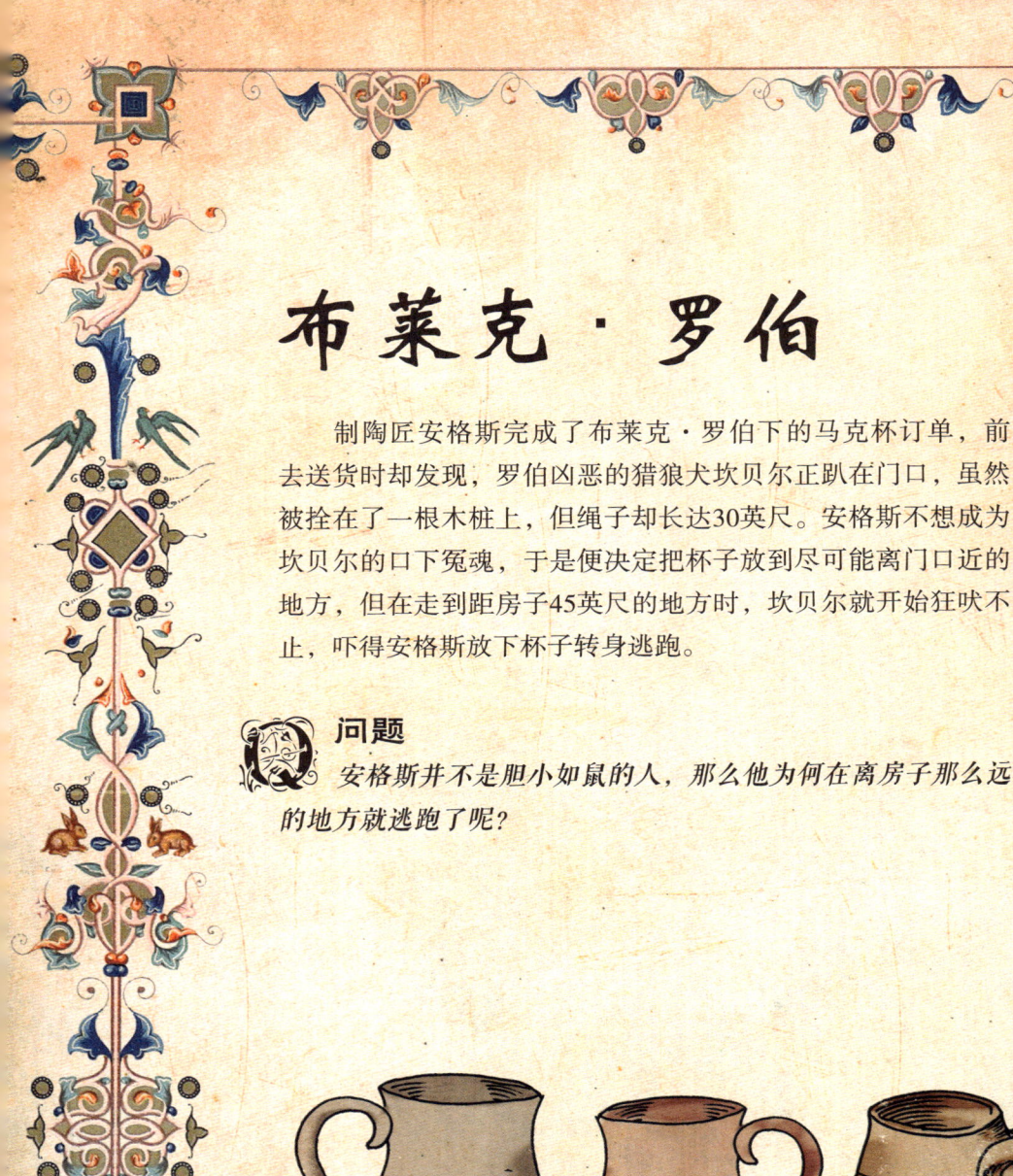

　　制陶匠安格斯完成了布莱克·罗伯下的马克杯订单，前去送货时却发现，罗伯凶恶的猎狼犬坎贝尔正趴在门口，虽然被拴在了一根木桩上，但绳子却长达30英尺。安格斯不想成为坎贝尔的口下冤魂，于是便决定把杯子放到尽可能离门口近的地方，但在走到距房子45英尺的地方时，坎贝尔就开始狂吠不止，吓得安格斯放下杯子转身逃跑。

问题

安格斯并不是胆小如鼠的人，那么他为何在离房子那么远的地方就逃跑了呢？

答案见277页

色子

毛里齐奥和蒂齐亚诺两人在酒馆喝酒时喜欢玩游戏来决定由谁请客。游戏的规则为：每个人从3~17中选出两个奇数，所选的四个数字不能重复，之后掷色子决出胜负，共有三个色子，只要有一人首先令三个色子上数字的和与任意一个自己所选数字相等，就可获得胜利，但之后另一人仍有机会，可以再掷一次，如果也获得成功，则认为是平局。

显而易见，选一个好数字能够大幅增加获胜的概率，但是否存在两组数字，可以让双方拥有相同的获胜概率？

问题

如果存在的话，那么这两组数字分别是什么？

答案见278页

数学家石匠

马德里城中一位极负盛名的石匠留下遗嘱,规定自己的墓碑上必须根据指示刻上图案。后来,石匠的坟墓因为墓碑上奇怪的图案差不多都快成了朝圣之地,吸引了城中许多好奇心强的居民。

问题
墓碑上缺失的图案应当是什么样的?

答案见278页

指出不同之处

本题中的两张图有10处不同的地方，你能把它们都找出来吗？

答案见279页

行家里手

一个口袋里面装有9枚德拉赫木银币，其中一枚是假币，但无论目视还是手摸都无法令其现出原形，唯一的办法是运用灵敏度极高的天平，让重量稍轻的假币无处遁形。

问题
最少要称量多少次才能鉴别出口袋中的假币？

答案见280页

分面包

阿尔昆是马穆提修道院的院长，每天以实物（面包）的形式向修道院的厨师发放工资，让他们转手卖出，而分配的标准则是厨师的等级。五位厨师共会获得100块面包，职位最高的厨师分得的面包最多，而职位最低的分得的面包则最少。

分配时每差一个职位，面包减少的量都相同，并且每位厨师都至少获得一块面包。

问题

如果最小的两份加起来只相当于前三份的七分之一，那么分配时每两份间的差值是多少？

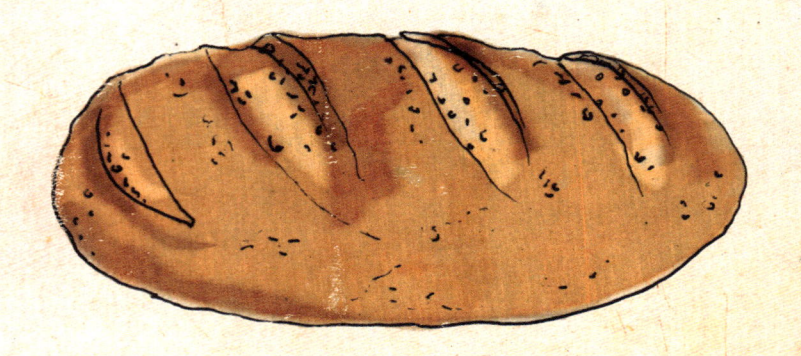

答案见281页

流浪儿

镇子中的一个流浪儿喜欢用自己的年龄玩文字游戏,经常会说得天花乱坠。这个小顽童的说法是:他出生时苹果商的助手黛西年龄只相当于屠夫托尼的四分之一;到了今年,黛西的年龄是鸡贩子盖理的三分之一;而男孩自己的年龄则是屠夫托尼的十分之一;如果再过四年,男孩的年龄就将会是盖理的四分之一。

问题
男孩今年有多大?

计重秤

计重秤在有商业头脑的人心里占据着不可替代的地位。本页下方的简图展示了六台计重秤，每一台都完全平衡，也就是说左右两边的重量完全相等，不会出现任何的倾斜。

问题

如果图片中的符号都是整数，那么每个符号最小分别代表着多大的重量？

答案见283页

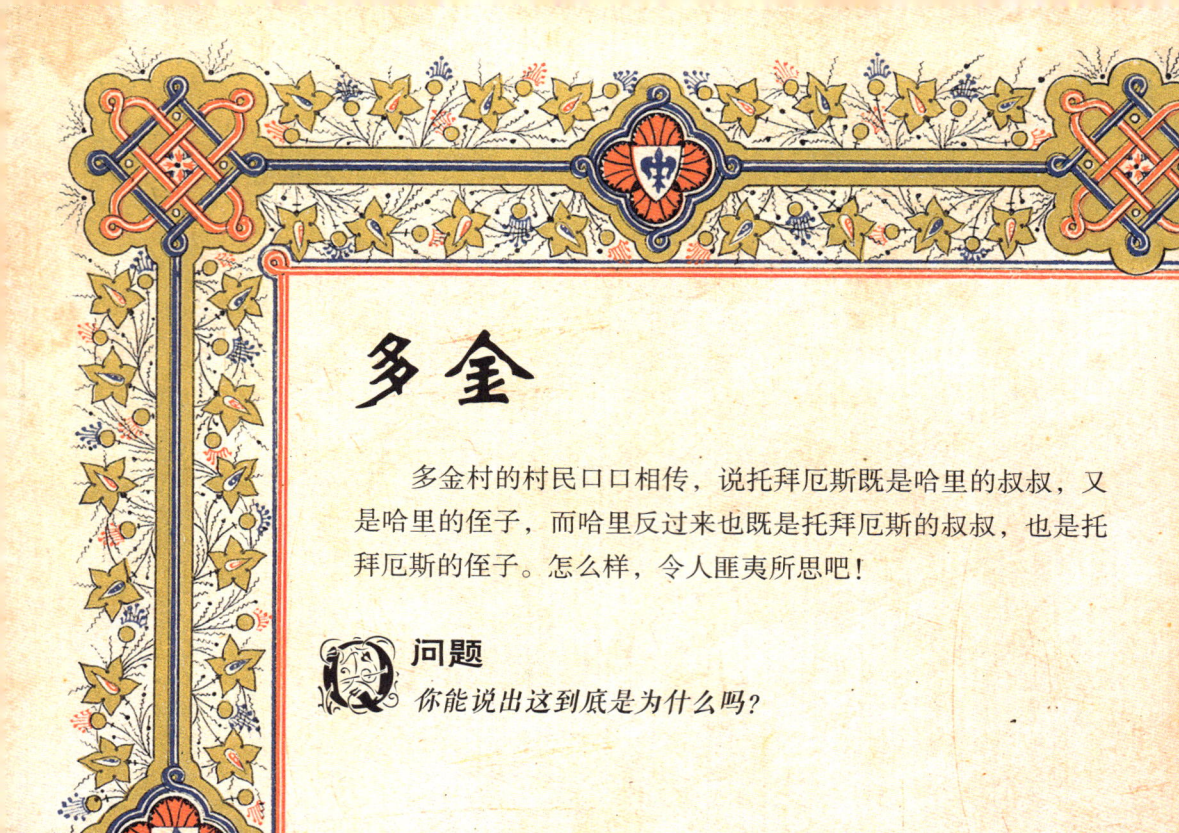

多金

多金村的村民口口相传,说托拜厄斯既是哈里的叔叔,又是哈里的侄子,而哈里反过来也既是托拜厄斯的叔叔,也是托拜厄斯的侄子。怎么样,令人匪夷所思吧!

问题
你能说出这到底是为什么吗?

答案见 284 页

走兽

三个人在布达市的大市场中发现了一只看起来十分珍奇的野兽，便开始讨论，想要将其买下，但却发现售价高达24.5芬尼，以至于如果不能从朋友处获得借款，三人中任何一人都无力支付。

第一个人指出，只要自己能够借得另外两人手中钱数的一半，就可以支付购买所需的费用。第二个人说，自己只要能够借得另外两人手中钱数的三分之二，就不仅可以支付购买所需的费用，还能够余下三分之一个芬尼。第三个人提出，只要自己能够借得另外两人手中钱数的四分之三，就除了可以支付购买所需的费用，还能够余下四分之三个芬尼。

问题

他们每人手中分别有多少钱？

答案见285页

三联画

　　一位佛兰德画师有在自己的大作中编写密码的习惯，经常会在其中添加各种神秘的图案和图表。画师一直对自己行为的象征意义守口如瓶，但却不难看出他认为自己的所作所为意义重大。本页下方奇怪的组合便是出自画师的手笔，在惟妙惟肖的笔功下，看起来像极了刻在山洞石壁上的符号。

问题

图中每个符号的数值分别是多少？

	202	194	180	180	
238	☽☉	☉♂	♀☉	♀☽	238
248	♀♀	♀☉	☽♀	♀☉	248
270	♂♂	♂☽	♀♀	☉♂	270
	202	194	180	180	

答案见 286 页

地下室

阿马托递给欧内斯托一个很重的包裹，同时还给了他两根蘸蜡的灯芯："45分钟后准时打开包裹，然后你就知道该怎么做了。可千万别晚了！时机的把握必须一刻不差。"

"这地下室连个钟都没有啊！"欧内斯托抱怨道。

"每根灯芯都正好能燃烧1小时，"阿马托说，"但你可千万别剪断它们，连弯一下都不行，因为这样它们就无法准确计时了。"

"明白了。"欧内斯托回答道。阿马托点了点头，便扶梯而上，离开了地下室。

问题

由于无法弯折灯芯，欧内斯托无法找到其四分之三长度的准确位置，那么他到底应当怎样知道时间正好过去了45分钟了呢？

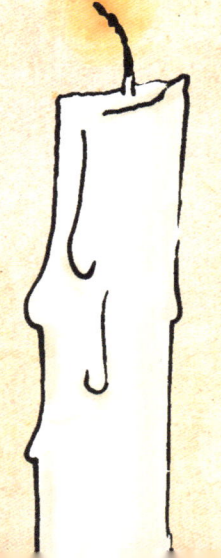

答案见286页

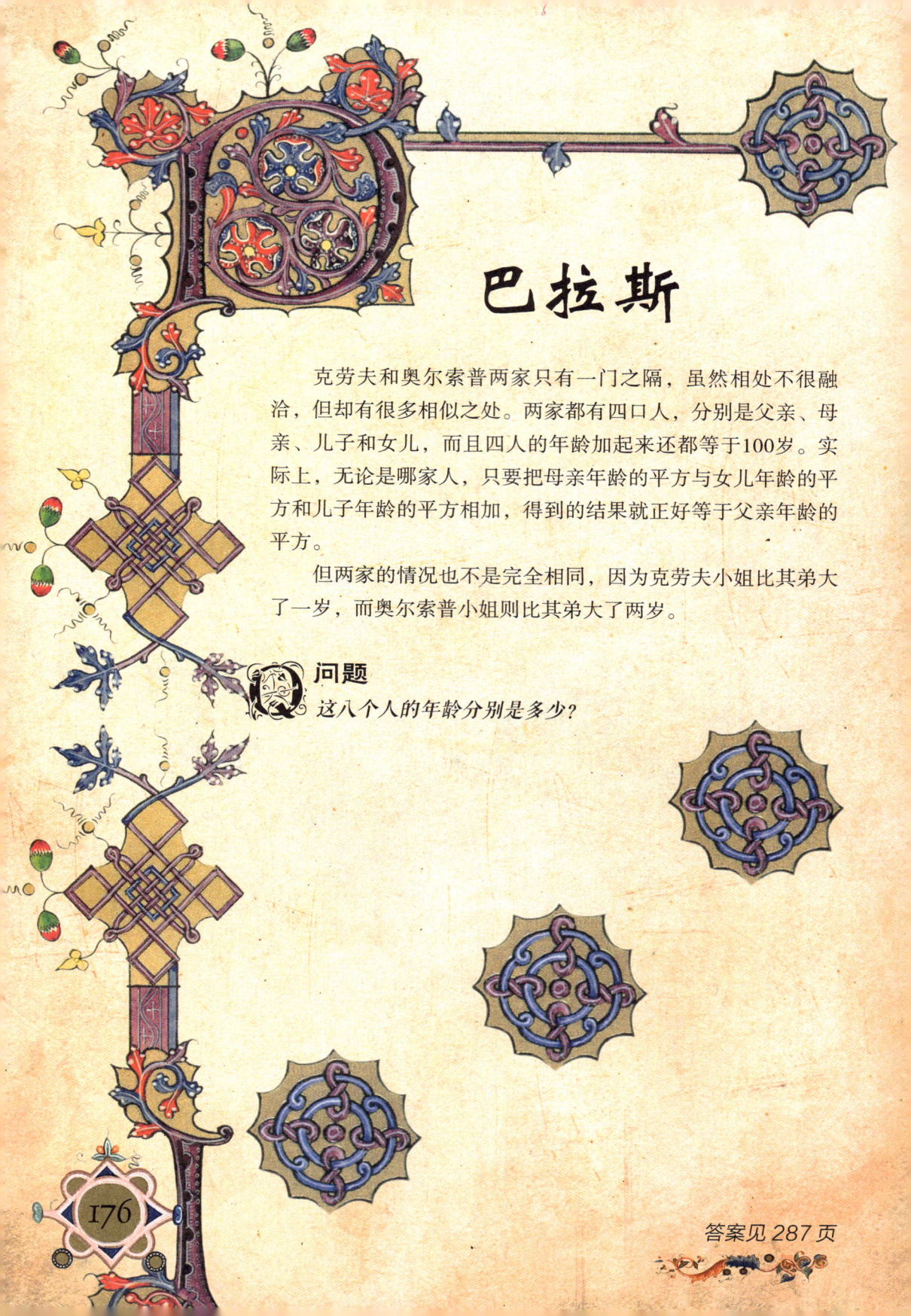

巴拉斯

　　克劳夫和奥尔索普两家只有一门之隔，虽然相处不很融洽，但却有很多相似之处。两家都有四口人，分别是父亲、母亲、儿子和女儿，而且四人的年龄加起来还都等于100岁。实际上，无论是哪家人，只要把母亲年龄的平方与女儿年龄的平方和儿子年龄的平方相加，得到的结果就正好等于父亲年龄的平方。

　　但两家的情况也不是完全相同，因为克劳夫小姐比其弟大了一岁，而奥尔索普小姐则比其弟大了两岁。

问题
这八个人的年龄分别是多少？

答案见287页

谨慎的多尔多涅人

多尔多涅地区在英法百年战争中饱受蹂躏；本页下方的几道数学算式可以让大家领略到战争时谍云密布的紧张气氛。算式左侧的数字均被符号替代，符号与数字间存在一一对应的关系。算式的结果是正确的，但需要注意的是，运算未按四则运算法则的顺序进行，而是按照从左至右的顺序进行的，即 1 + 2 × 3 的结果不是 7，而应当是 9。

问题

算式中的符号分别都代表了哪些数字？

$$☿ × ☉ × ☽ × ♀ = 199\,920$$

$$☉ + ☽ + ☿ + ♀ = 92$$

$$☽ - ☉ + ♀ - ☿ = 2$$

$$♀ × ☽ / ☉ + ☿ = 32$$

$$(☿ - ☽) × (♀ - ☉) = 35$$

答案见 287 页

答案

（简单谜题）

巴塞罗那

只有一人。伯爵的家谱本身就盘根错节，如果堂表亲戚间可以通婚，那么宾客的人数就可能只有一人。

智者

一共有十六位智者。根据传说，必须要有七位双目皆盲的智者，还要有九位能够以一目视物的智者，但预言中关于单目失明和双目健全的规定却不与一目视物相斥，所以单目失明的两人和双目健全的四人可算入一目视物者之列。

阿尔昆

口袋的重量分别是5.5磅、6.5磅、7磅、4.5磅和3.5磅。如果称量次数加起来，那么除了三号口袋被称量了三次以外，其他口袋都称量了两次。所以说，如果将所有的称量结果加起来，然后减掉两次一号与二号一起称重的结果和两次四号与五号一起称重的结果，得到的数值就是三号重量的三倍，所以三号的重量就是21磅的三分之一，之后就可以据此轻松地计算出其他口袋的重量。

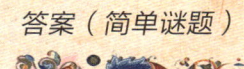

答案（简单谜题）

三个船夫

如果只有一个人说了实话，而其他两人都在撒谎，那么说实话的就只能是奇波拉。

横梁

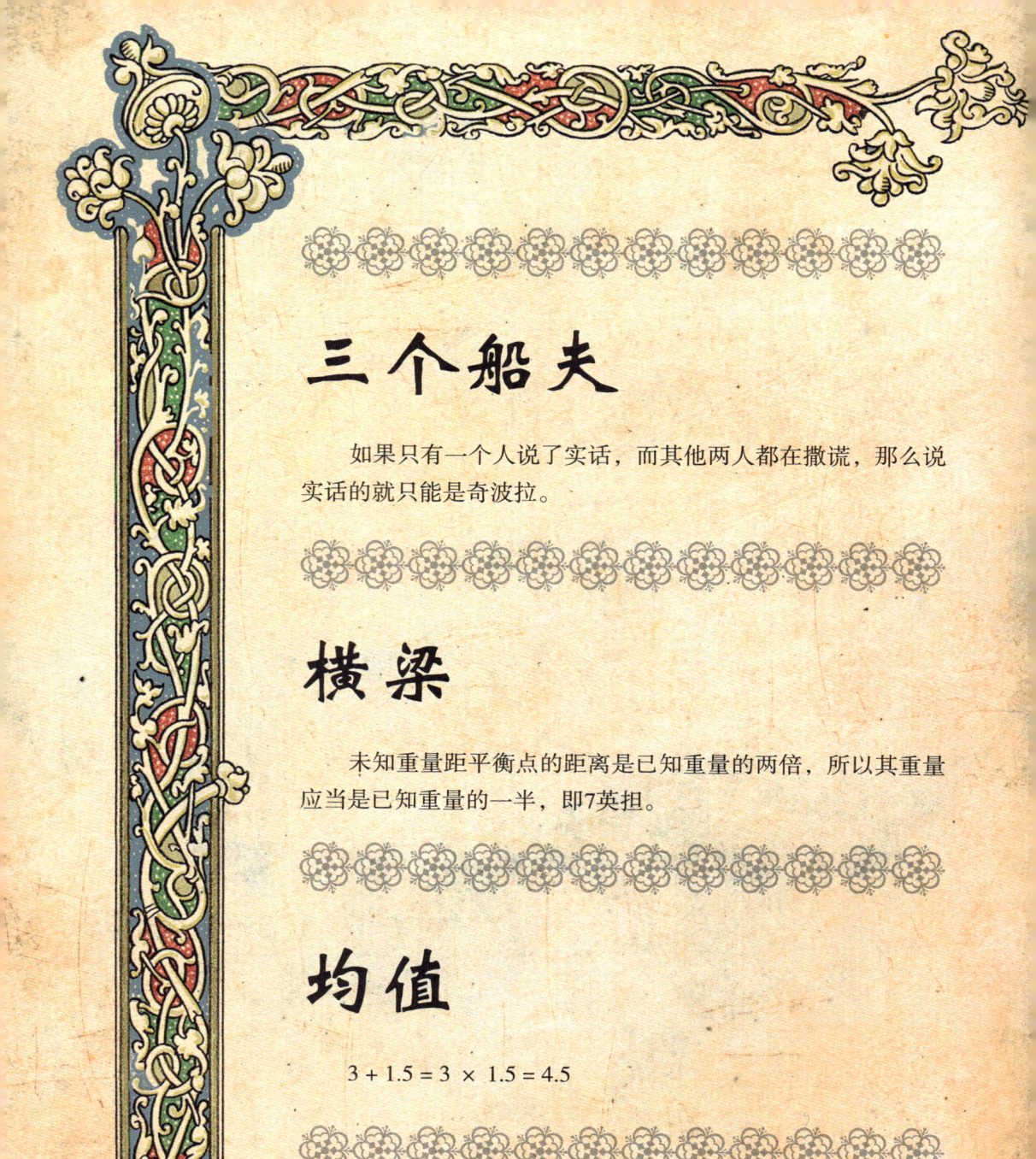

未知重量距平衡点的距离是已知重量的两倍，所以其重量应当是已知重量的一半，即7英担。

均值

$3 + 1.5 = 3 \times 1.5 = 4.5$

答案（简单谜题）

滚酒桶

将酒桶倾斜过来，直至其中的液体与桶口边缘齐平，然后观察桶中状况。哪怕桶底只露出了一点点，桶中的酒也只是剩下了不到一半；如果看不到桶底，那么桶中的酒就仍然超过一半；如果酒正好位于桶底与桶壁的交界处，那么桶中就正好剩下了一半的酒。

傻瓜

傻瓜心里十分清楚，一旦选了面值更高的硬币，人们就会失去兴趣，自己就再也不能不劳而获了。

胡言乱语

回声。

答案（简单谜题）

指出不同之处

182

答案（简单谜题）

一本正经的工作餐

每个人都会分得三片面包，大小分别是一个面包的三分之一、五分之一和十五分之一。将一个面包切成五份，而另两个则都切成三份（即六个三分之一块），然后其中一个三分之一块切成五份，这样就正好得到了五个三分之一块、五个五分之一块和五个十五分之一块，保证了分配的均等。

马德里的石匠

如果数出每组五角星的数量，然后将每一列五角星看作是一个四位数的数字，那么压顶石上的图案就会变成如下算式：2615 + 4527 = 7142。

所以说缺失的符号应当是：

★★

臭水

没有。由于水位每次上升的量都只相当于前一次上升的量的一半,所以上升的幅度永远不会超过首次上升量的两倍。

寿星小子

交谈的日期是1月1日。库尔特的生日是新年前夜,因此两天前他34岁;昨天他过了35岁的生日;今天是新年,所以他到了年底就会是36岁。综上所述,明年库尔特就是37岁。

答案(简单谜题)

玫瑰花圃

盯脑袋

答案无论如何都是肯定的。如果艾哈迈德不是秃子,那么易卜拉欣就是盯着他的那个秃子;如果艾哈迈德本身就是个秃子,那么根据叙述,他就在盯着赛义德,即盯着有头发的人。无论是何种情况,都有一个秃子盯着一个有头发的人。

答案(简单谜题)

赶牛

答案是每刻1125步。虽然大家并不知道李槁要赶多远的路，但由于往返的距离相等，这并不会对解密造成任何影响。题面很容易让人误解，认为全程的平均速度就是去时和回程时两个速度的均值，但由于去时速度更慢，导致用时更长，所以实际的平均速度会稍低于均值。如果假设单程的距离是4 500步，那么去程的用时就是5刻，回程的用时则是3刻，那么平均速度就应当为（3×1 500＋5×900）÷8＝1 125。

即便路程翻倍，因为用时也跟着翻倍，所以平均速度也不会发生变化，即（6×1 500＋10×900）÷16＝1 125。

手稿彩饰

☉ = 5；☽ = 4；☿ = 6。

答案（简单谜题）

口袋

第二个口袋中的珠子更有可能是珍珠。第一个口袋中的珠子是珍珠或玻璃珠的可能性各占50%，但第二个口袋中的珠子是珍珠的可能性则为66.6%。

在珠宝商放入珍珠后，第二个口袋中珠子的数量就是两颗，既有可能是第二次放入的珍珠（P2）和玻璃珠（B），又有可能是原本的珍珠（P1）和第二次放入的珍珠（P2），因此在珠宝商从其中先后拿出两颗珠子时，就可能发生如下四种情况：P1然后P2；P2然后P1；P2然后B；B然后P2。

由于珠宝商首先拿出的是珍珠，因此肯定不是B，所以最后一种情况是不可能发生的。换言之，此时只剩下了三种情况，在其中的两种中第二颗珠子都是珍珠。

村中逸事

那人是浩博的叔叔。

答案（简单谜题）

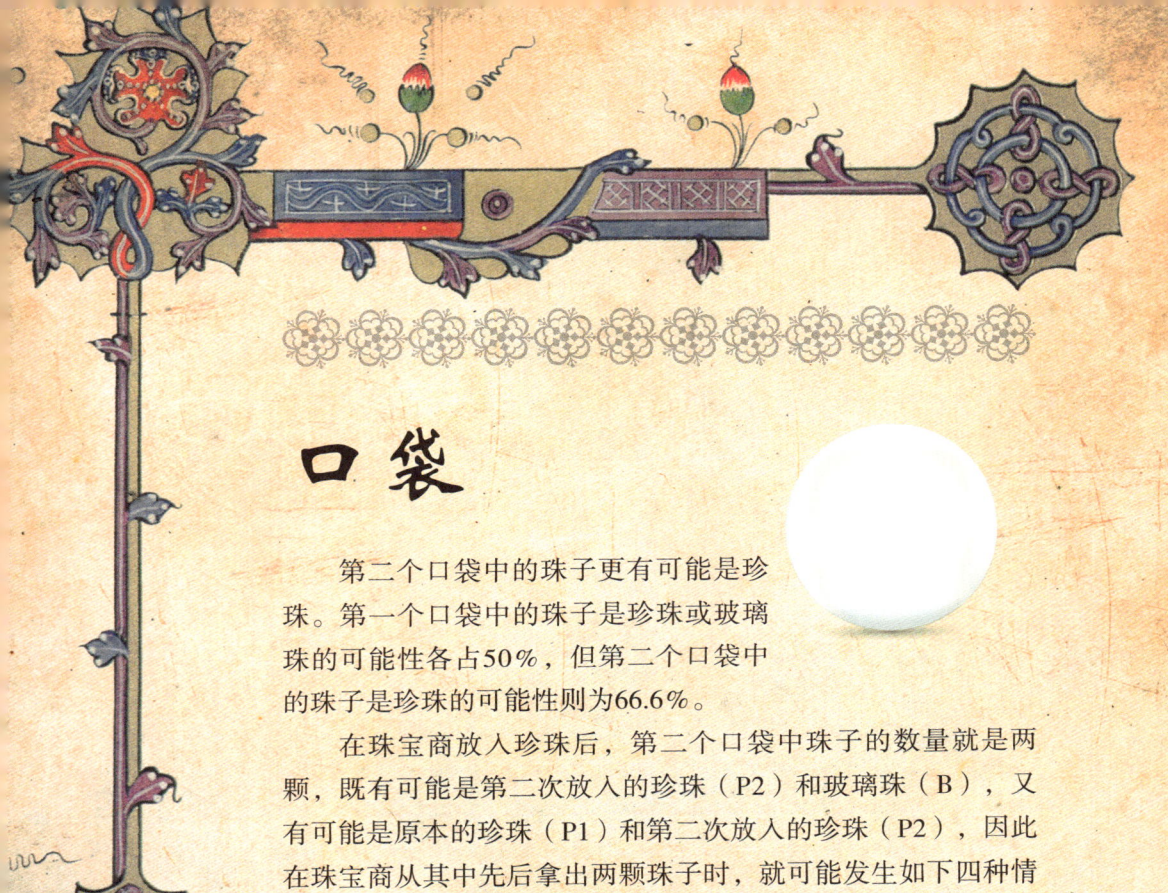

纵横图

11	24	7	20	3
4	12	25	8	16
17	5	13	21	9
10	18	1	14	22
23	6	19	2	15

答案（简单谜题）

配对

C

答案（简单谜题）

铁匠

　　约瑟会在跑出360步后追上蠡贼。约瑟每跑15步，蠡贼就会跑9×3=27步，但这15步却相当于蠡贼的5.5×5=27.5步，所以约瑟每跑15步，两人间距离的缩短量就相当于蠡贼的半步。由于蠡贼先跑出去了12步，所以约瑟要跑24个15步才能追上蠡贼，即24×15=360步。

答案（简单谜题）

梅与琼

姊妹俩至少还有一个同胞姐妹。实际上，她们还有一个名叫阿普里尔的姐姐，当时正居住在伦敦。

答案（简单谜题）

佛罗伦萨

树的高度是13.125英尺。雕像的高为7英尺，雕像影子的长度为4英尺，因此高度和影子长度的比例就是7：4，所以树的高度就是7.5×7÷4 = 13.125英尺。

圣殿骑士的密码

缺失的数值为75。
186 × 68 = 12 648，12 648 + 12 048 = 24 696。
同理，258 × 75 = 19 350，19 350 + 14 886 = 34 236。

答案（简单谜题）

差之毫厘

两人的年龄分别是45和54。考虑到两人的年龄差只相当于总年龄的十一分之一,因此其数值不会太大,由此可以得出年龄差为9岁,而两人年龄的和则为99。

答案(简单谜题)

锯木板

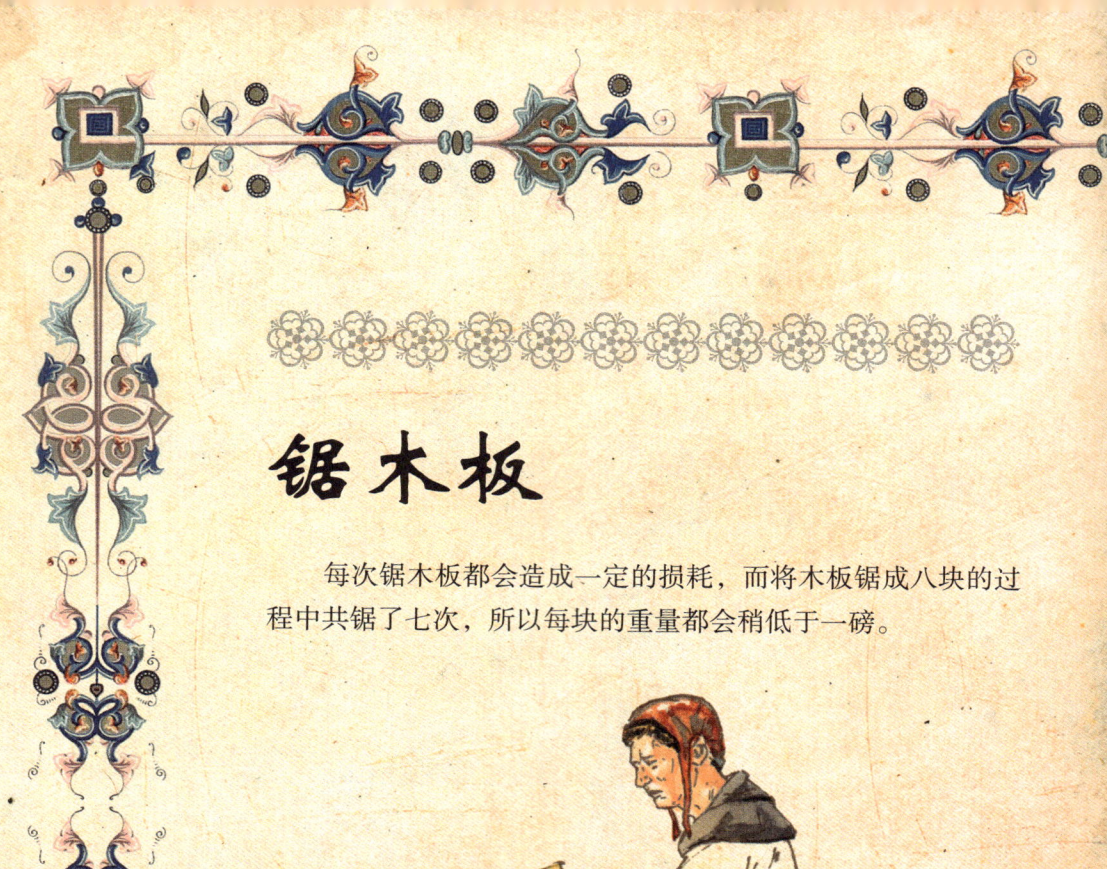

每次锯木板都会造成一定的损耗，而将木板锯成八块的过程中共锯了七次，所以每块的重量都会稍低于一磅。

答案（简单谜题）

绝无仅有

你的名字。

答案（简单谜题）

早间问候

四位教师。任何人都不会向自己鞠躬,此外院长也不会向任何人鞠躬,所以1 296次就意味着鞠躬的人有36个,其中九分之一为教师。

馊牛奶

下午两点。凌晨四点和下午四点中间的时间是上午十点,而下午两点正好是四个小时之后。

答案(简单谜题)

配对

D

答案（简单谜题）

奇怪的图案

32。中间的数字等于相对两个数字的和。

马雷克

三分之一。马雷克在旅程正好过半时坐到了驭位上,而再次回到车厢时,剩下的旅程只相当于在驭位上旅程的一半。换言之,如果他还有一单位的旅程,那么他在外面的时间就是两单位,所以他在外面的旅程就相当于后半段旅程的三分之二。

答案(简单谜题)

慧眼

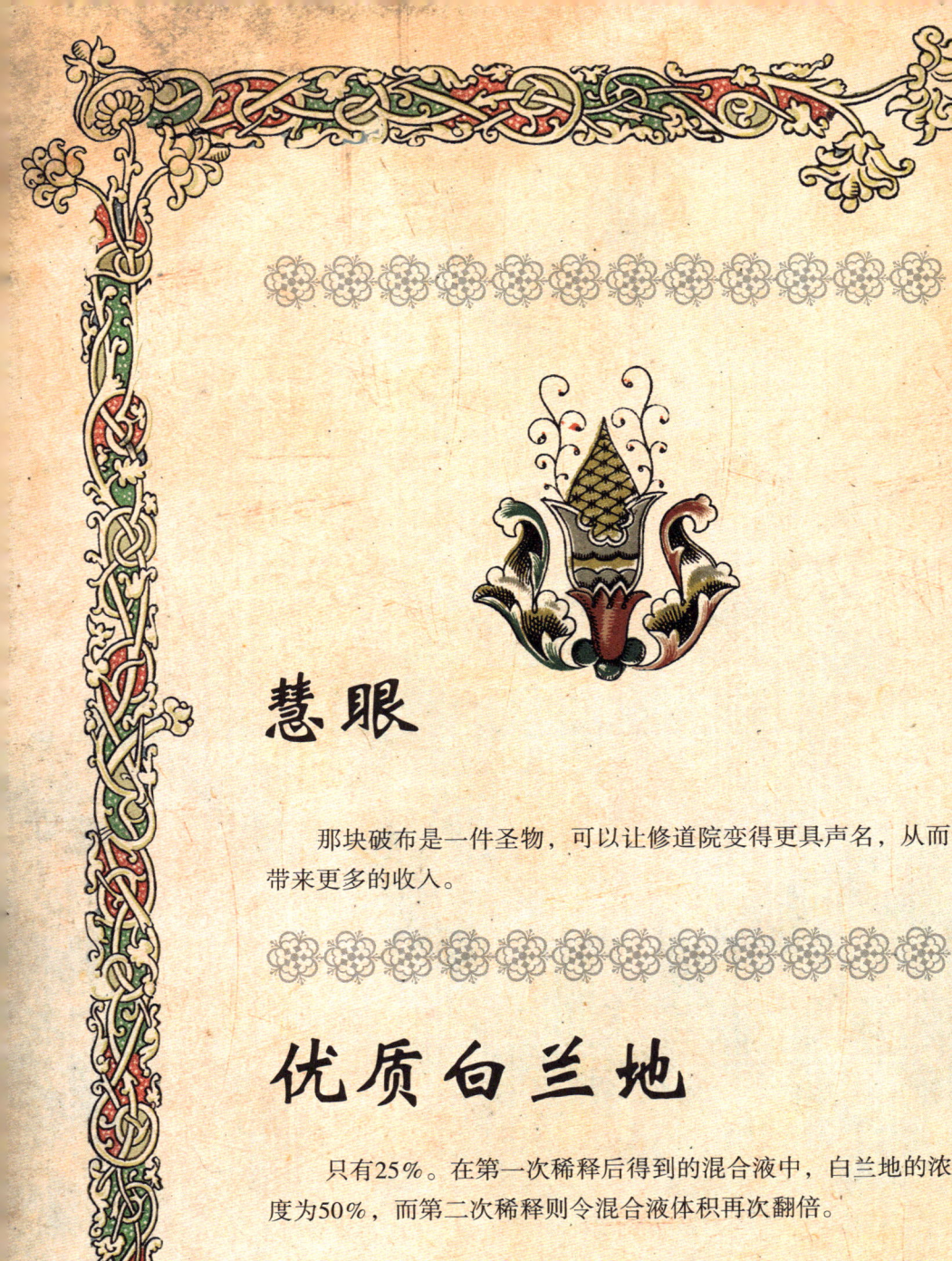

　　那块破布是一件圣物，可以让修道院变得更具声名，从而带来更多的收入。

优质白兰地

　　只有25%。在第一次稀释后得到的混合液中，白兰地的浓度为50%，而第二次稀释则令混合液体积再次翻倍。

伯爵大人

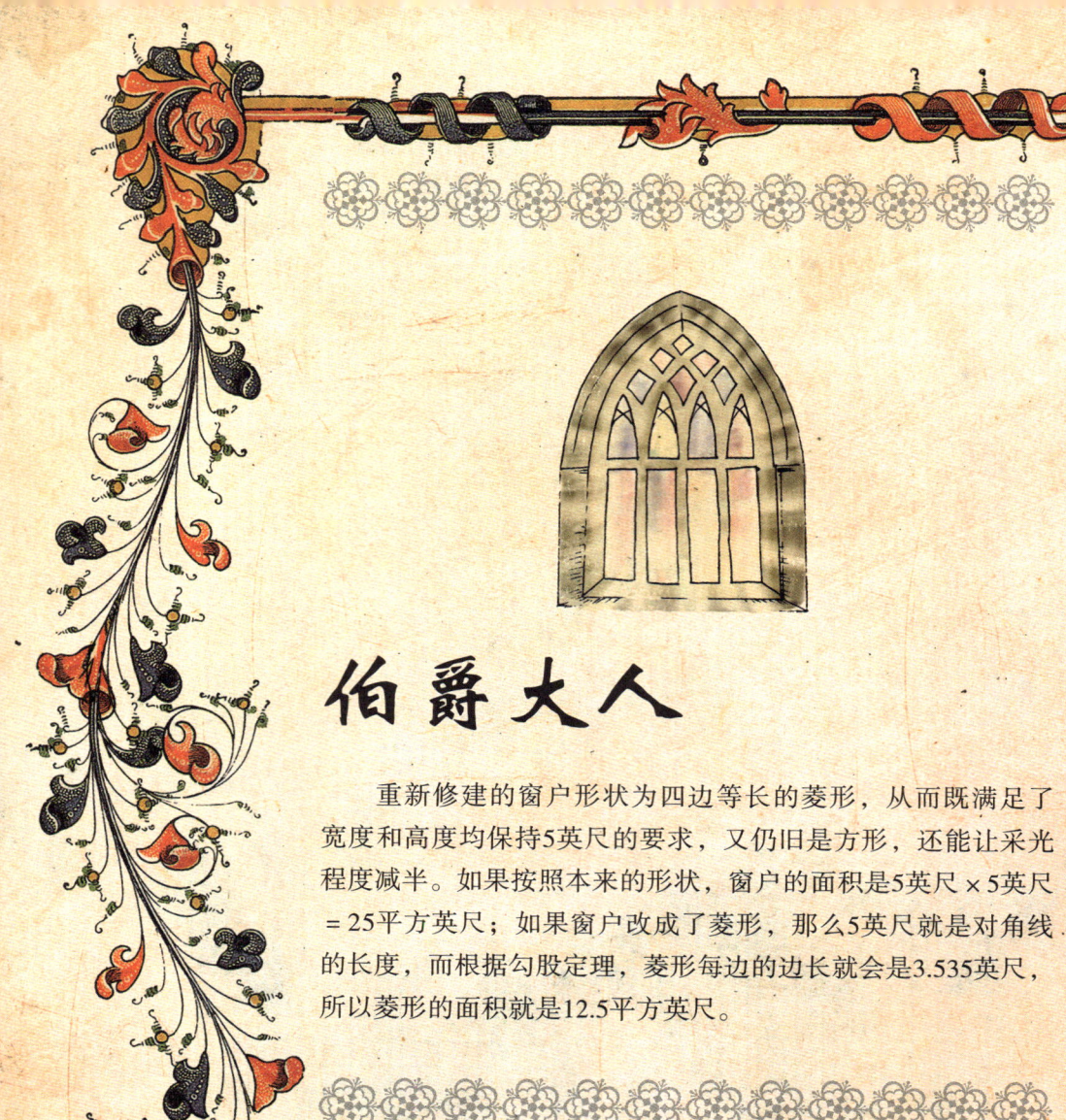

重新修建的窗户形状为四边等长的菱形，从而既满足了宽度和高度均保持5英尺的要求，又仍旧是方形，还能让采光程度减半。如果按照本来的形状，窗户的面积是5英尺×5英尺=25平方英尺；如果窗户改成了菱形，那么5英尺就是对角线的长度，而根据勾股定理，菱形每边的边长就会是3.535英尺，所以菱形的面积就是12.5平方英尺。

百年战争

BBI。每块石板上左侧的数字加起来的结果的最后三位数字分别是173、997和229。根据前两个结果，字母与数字对应的依据是字母的顺序，即1相当于A，2相当于B，以此类推。

答案（简单谜题）

猎人

75英尺。追逐开始时兔子与猎犬的距离是50英尺，而结束追逐时两者间距离为0；所以说，当距离为30英尺时，追逐完成了五分之二，所以猎犬还要跑125英尺的五分之三。

丑事恶行

18。三分之二与二分之一的差值是六分之一。老妇人及其两位密友就相当于差出来的六分之一，所以长者的人数就是 3 × 6 = 18。

答案（简单谜题）

答案

（进阶谜题）

三个狱卒

马提亚能够得到休班的机会,可以在伯恩特当班时休班。

排列玫瑰

将玫瑰排列成五角星形,如下所示:

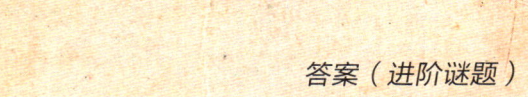

螺旋花园

长为88.5码，宽为88码，面积为88×88.5。散步道的长度与花园的面积相等。虽然花园的长宽并不相等，但将7 788开方，得到的结果88.249肯定比宽稍大，比长稍小。根据题面，长与宽的差值是0.5码，因此很容易就能推算出，长和宽分别是88.5码和88码。

答案（进阶谜题）

猪展

　　十头猪，二十九块评分牌。所有不同的分类都能够相互重叠，所以两头猪得到了三个"差"，三头猪得到了两个"差"和一个"好"，一头猪得到了一个"差"和一个"好"，三头猪得到了一个"差"和两个"好"，一头猪得到了三个"好"。

答案（进阶谜题）

三个方块

将题面中的图案看作是如下所示的一系列不规则图形，问题就会变得简单多了。

从左上方的"1"处开始，沿着"2"和"3"的外沿走到左下方的"4"处。以"4"正上方的交界点为起点，沿着底部的直角部分前进至"5"，然后沿着中间三个小方块的下沿回到"4"正上方的交界点。绕过外侧的小方块到达下一个交界点"6"，然后沿内部三个小方块的上沿，在经过"7"之后，沿左上角内部的直角前进，直至返回"1"处。

答案（进阶谜题）

居高临下

144 806。

一共有187×（4×39+1）= 29 359个骑兵；

207×（3×186+2）= 115 920；

115 920 + 29 359 − 473 = 144 806。

眼见为虚

5位。女子人数的三倍与10的差值和10与女子人数的差值相等，那么花园中就只可能有5位女子。

里亚尔

　　528里亚尔。27×4＝108，将近五分之一就是21，而21的不到一半则是10，所以说21×3＋10×8＋（108－31）×5＝63＋80＋385＝528里亚尔。

答案（进阶谜题）

种土豆

10 100码。如果真要如题面所述那样种土豆的话,那么种第一个土豆时就要来回走1码,第二个则是2码,以此类推。想要算出1到100这100个数字的和,可以将数字分为50对,每对的和是101,那么总和就是50 × 101 = 5 050。由于种土豆时必须返回土豆桶,所以行走的距离是5 050码的两倍。

答案(进阶谜题)

发现不同之处

答案（进阶谜题）

黑或白

没错，额外的信息会令概率从二分之一上升到十二分之七。正如大家所想，在一无所知的情况下，从口袋中拿出第三个筹码，白色的概率是50%，但如果事先已经知道口袋中有一个白色筹码，那么口袋中就可能存在以下四种情况：WWWW、WWWB、WWBB、WBBB，而第五种情况BBBB则是不可能出现的。如果不知道口袋中的情况，那么就必须假定口袋中的筹码完全是随机的，所以WWBB是最有可能出现的情况，而WBBB和WWWB出现的概率则完全相等。然而，当得知不存在BBBB这种可能性时，WWWB与WWBB出现的概率就会变得完全一样，令第三个筹码仍然是白色的可能性稍稍提高。

数学家石匠

如果计算出每组星形的数量，将图案中的每行看作是一个四位数的数字，那么图案表示的就是4 376 + 5 007 = 9 383。所以说，缺失之处的图案是：

★★★

平衡

10.25英担。

可认为一侧受力为4×9+5×6=66，另一侧已知的数值是21，所以剩余的数值应为45，考虑到距支点的距离是4，因此重量应当是10.25英担才能保证平衡。

酒罐

实际上酒罐的容积是2.93加仑。酒罐的容积比许多人的第一反应2.5加仑大，因为计算时必须考虑到第二次倒入酒罐的麦酒已经不是纯麦酒了。倒完第一罐后，酒桶中剩下的酒就是10-2.93=7.07加仑，因此第二罐酒中有70.7%的麦酒，而2.93的70.7%是2.07，即第二罐中的麦酒是2.07加仑，与第一次的2.93相加正好等于5，从而令酒桶中的纯麦酒和水的比例变成1∶1。

答案（进阶谜题）

在诺福克郡

　　米尔斯是一位鳏夫，在第一任妻子去世后娶了妻子的姊妹，因此米尔斯去世后，就令第一任妻子变成了其留下的寡妇的姊妹。

答案（进阶谜题）

浮桶

排挤开的水量与漂浮物的质量成正比。小桶有一部分位于水面之上，与水面之下的部分质量相加后，就和排挤开的水的质量相等。如果小桶在一瞬间变成了与其质量相等的水，那么水量就会正好与其排挤开的水量相等，即相当于桶底至水面那部分体积的水量。

答案（进阶谜题）

猎手之矛

以9和8正中心的位置为支点，旋转两个数字，直至它们互换位置。该过程会令9上下颠倒，变成6，从而使两列数字各自相加的结果均变为18。

无礼的伊万

晚上9：36。9小时36分钟的四分之一是2小时24分钟，而到明天正午还要经过14小时24分钟，其一半就是7小时12分钟，所以说现在的时间是2时24分+7时12分＝9时36分。

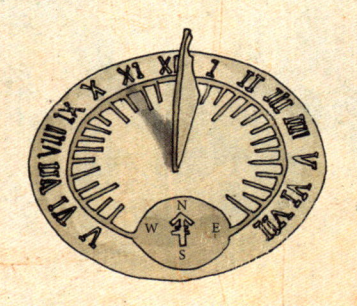

答案（进阶谜题）

发现不同之处

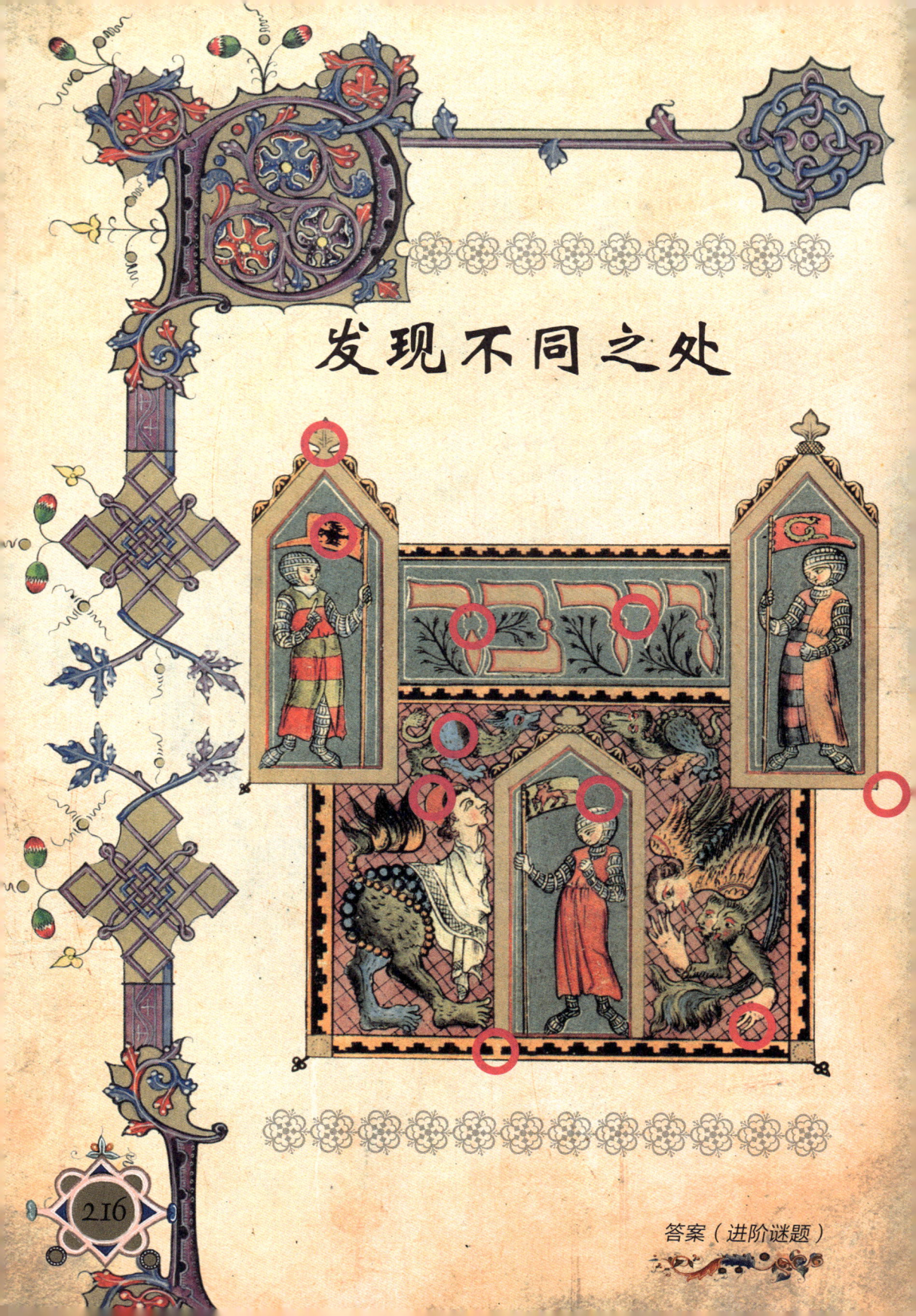

216

答案（进阶谜题）

格伦瓦尔德之战

5人。将所有的伤情加起来，数量与300（即相当于100个人每个人承担三种受伤的情况）相减，得到的差值就是同时承受四种伤情的最少人数。64+62+92+87 = 305，305-300=5。

运算符

123 – 46 – 67 + 89 = 100。

答案（进阶谜题）

凯西

凯西是匹马。

猴戏

无论猴子在绳索上如何移动，配重的移动方式都会与其一一对应。猴子上下移动时，配重也会上下移动；如果猴子撒手落地，配重也会掉到地上。所以猴子和配重将会同时到达顶端。

一成不变

总和是 9 567 + 1 085 = 10 652。

答案（进阶谜题）

阿牢布拉

　　11：30。由于去程和返程路程相同，所以在平地上往返1英里所用时间应当为1/4小时+1/4小时=半小时；如果去时全部爬山，那么往返所用时间仍旧是1/3小时+1/6小时 = 半小时。商人往返共用了6小时，所以往返的路程就各为12英里。虽然无法准确地推算出货物送达的时间，但如果全程都是平地，那么以每小时4英里的速度走12英里就需要3小时；如果全程都在爬山，那么以每小时3英里的速度走12英里就会用4小时。综上所述，将到达所用时间定为3.5小时，就肯定会令答案在实际送达时间的半小时范围内。8 + 3.5 = 11.5，也就是11时30分。

答案（进阶谜题）

麦森

9、81、324及576是满足条件的四个完全平方数，且1到9这九个数字各使用了一次。

1	2	3
4	5	6
7	8	9

答案（进阶谜题）

老汤姆

44岁。年龄 + 6 = 5 ×（年龄 − 4）/4。把等式两边乘以4，就会去掉右侧的分母，得到4 × 年龄 + 24 = 5 ×（年龄 − 4）。在等式的两边加上20，就会得到4 × 年龄 + 44 = 5 × 年龄，所以说老汤姆的年龄是44岁。

称重

☉=1；☽=3；☿=4；♀=7。

抢劫

那些壮汉并不是在违法犯罪，他们本身就是执法者，正在执行国王税务员的职责。酒商犯下了走私烈酒的罪行，所以税务员查抄了库房，没收违禁商品作为其罪行的证据。

信使

信使应当捡起路标，只需将其上指向布瑞科力诺方向的标志转向自己刚刚前来的方向，就可以让其他标志都指向正确的方向。

答案（进阶谜题）

配对

D

答案（进阶谜题）

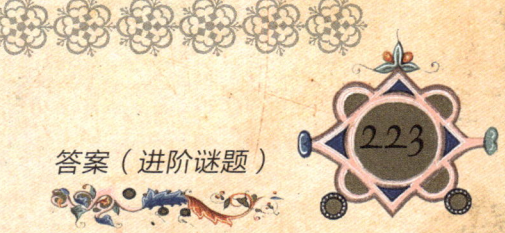

223

放债人

四分之一是四分之三的三分之一,所以四分之四是四分之三的一又三分之一倍,即比四分之三大了三分之一。

答案(进阶谜题)

为了奶酪

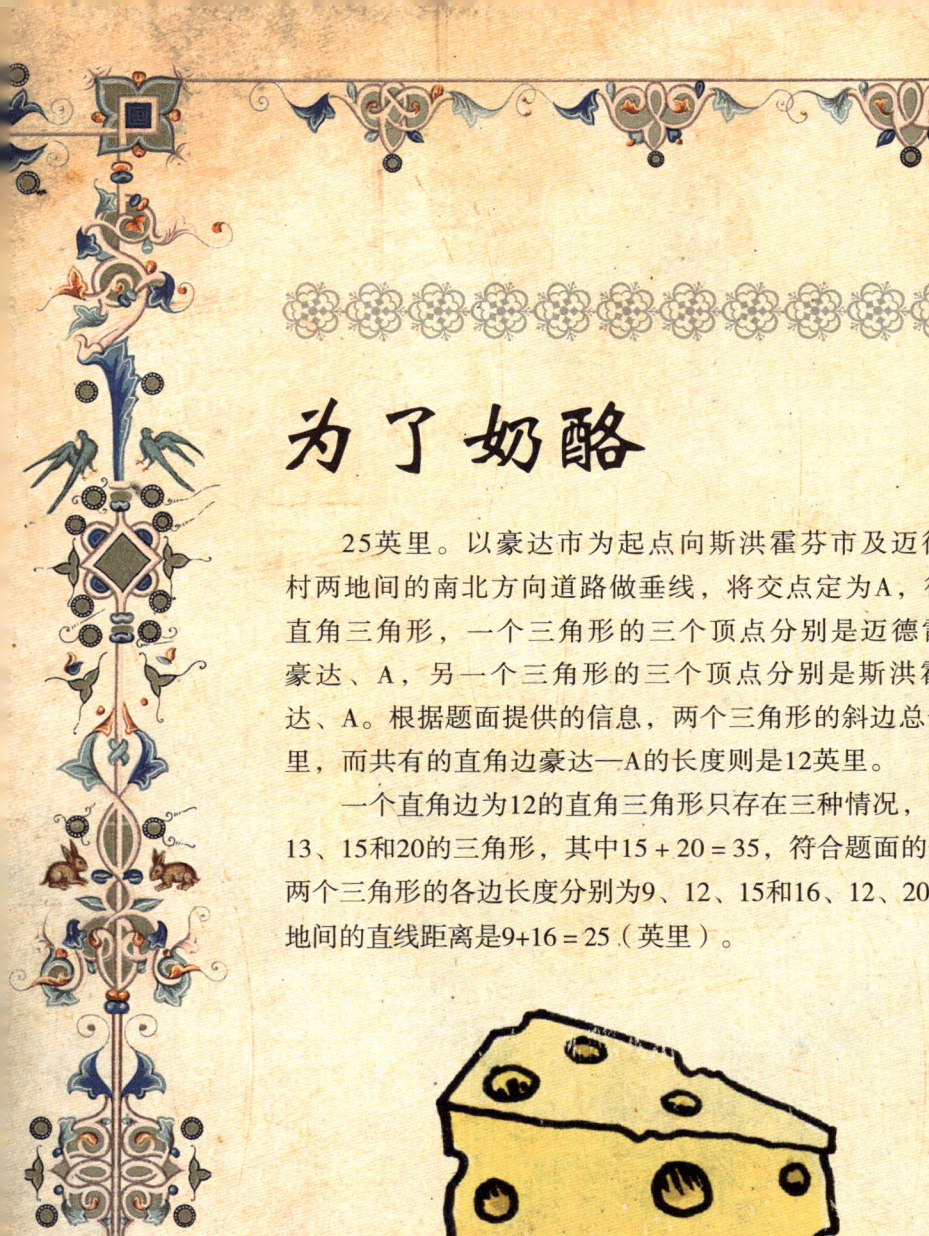

25英里。以豪达市为起点向斯洪霍芬市及迈德雷赫特村两地间的南北方向道路做垂线,将交点定为A,得到两个直角三角形,一个三角形的三个顶点分别是迈德雷赫特、豪达、A,另一个三角形的三个顶点分别是斯洪霍芬、豪达、A。根据题面提供的信息,两个三角形的斜边总长是35英里,而共有的直角边豪达—A的长度则是12英里。

一个直角边为12的直角三角形只存在三种情况,即斜边为13、15和20的三角形,其中15 + 20 = 35,符合题面的叙述。这两个三角形的各边长度分别为9、12、15和16、12、20。所以两地间的直线距离是9+16 = 25(英里)。

答案(进阶谜题)

传令官

本题不过是个脑筋急转弯，因为两人相遇的时候，距林肯的距离肯定是相等的。

答案（进阶谜题）

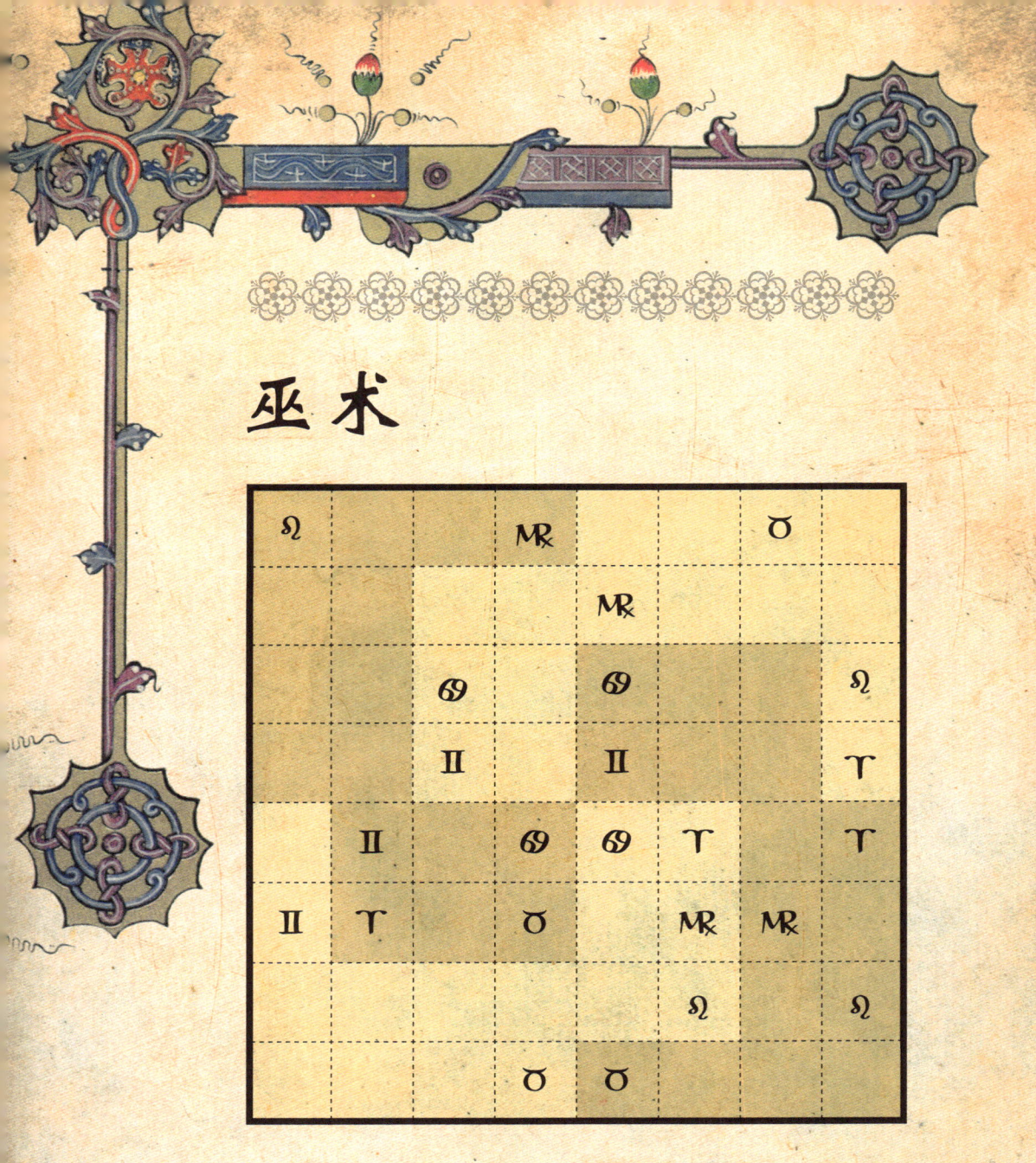

巫术

♌			♍		♉	
			♍			
		♋		♋		♌
		♊		♊		♈
	♊		♋	♋	♈	♈
♊	♈		♉		♍	♍
					♌	♌
			♉	♉		

答案（进阶谜题）

年龄

　　15个子女就相当于相互间存在14个年龄差，总年龄差是21，因此最小的年龄是3岁，最大的是24岁。

双连画

　　☉=4；☽=2；☿=5；♃=7。

答案（进阶谜题）

不过是马车而已

　　6.25分钟。步行者在12.5分钟时遇到了马车，所以说马车还有2.5分钟走完剩余的距离，相当于速度是步行的12.5÷2.5＝5倍。将步行者最开始出发至被马车追上时总共行走的距离设为x，将马车在同等时间内行走的距离设为x+y，其中y为马车从对面走来用掉的15分钟。根据之前已经计算出的速度比，x + y = 5 × x，即y = 4x，或者说x = y/4。由于已知y = 15分钟，所以x（马车追上步行者所用时间）为15/4，即3.75分钟。

　　如上所述，马在回头追上步行者时共用了15 + 3.75 = 18.75分钟。由于二者相遇的时间是12.75分钟，所以额外需要的时间是18.75 – 12.5 = 6.25分钟。

庭院

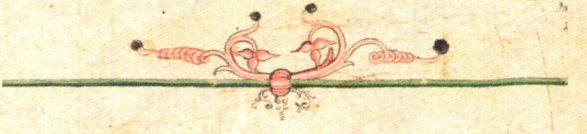

　　10。8+1+5-4 = 10。

答案

（棘手谜题）

分餐

1.5 625和0.4 375。参与分餐的一共有10位见习修士，如果将最小的一份定为x，那么各份的大小就分别为x、x + 1/8、x + 2/8，所以总差值为45/8。据此可以得出等式10x +（45/8）= 10，所以10x = 10−5.625，因此x = 0.4 375。综上所述，最小的一份是7/16（0.4 375），而最大的一份则＝最小的一份＋9/8，即1/16（1.5 625）。

樵夫之子

15、18和21。根据题面，其中两人的年龄将永远是第三个人的两倍，因为如果a+c=b+b，那么t年后就是a+t+c+t=b+t+b+t，所以时间不会成为影响因素，a+c永远等于2b。然后我们就要回头考虑两人年龄与第三个人年龄相等的情况，将三人的年龄设为x、y和（x+y），由于此时a+c仍然等于2b，考虑到在三人都出生后绝对不可能出现x+y=2（x+y）的情况，所以x+(x+y)肯定与2y相等。（在解题过程中，我们并不知道x到底是多少，但这却并不会对解题造成任何影响，无论是选择x，还是y，都能够得出答案。）根据上面的推算，2x+y=2y，即y=2x，所以此时三人的年龄可以均用x表示，分别为x、2x和（x+2x）。于是，在两人年龄与第三个人相等的那年，三人年龄相加的结果就是6x，加之根据题面提供的信息，今天（即一人过21岁生日时）与那年间隔的年数是6x的三分之二，即经过了4x年，因此三人今年的年龄分别是5x、6x和7x，并且其中一个数是整数，原因是今天其中一人过生日。由于21不能被5和6整除，只能被7整除，所以三人今年的年龄分别是15、18和21。12年前，三人的年龄分别是3、6和9，两个弟弟年龄之和正好与哥哥的年龄相等。不仅如此，三兄弟中老大和老三的年龄之和将永远都是老二年龄的两倍。

答案（棘手谜题）

四方院子

9号房间的学生。只要运用勾股定理就可以求得答案。根据题面，四个房间分别位于院子的四边，所以两个房门间最短的距离肯定就是一个直角三角形的斜边。将9号、25号、52号和73号房间分别设为A点、B点、C点和D点，那么在由A点和B点形成的直角三角形中，A点右方直角边的长度就是11，B点左方直角边的长度就是5，因此AB两点间的距离为122 + 52 =（144+25），即169的平方根13。同理，AC = 21（此二点为正对面的两点）、AD = 12.04、BC = 20、BD = 21.21（此二点位置相对，D点的位置比B点低了三个单位）、CD = 15.81。所以，A点的总距离（AB+AC+AD）是46.04，B点（AB+BC+BD）是54.21，C点（AC+BC+CD）是56.81，D点（AD + BD + CD）是49.06。A点取胜。

数字招魂术

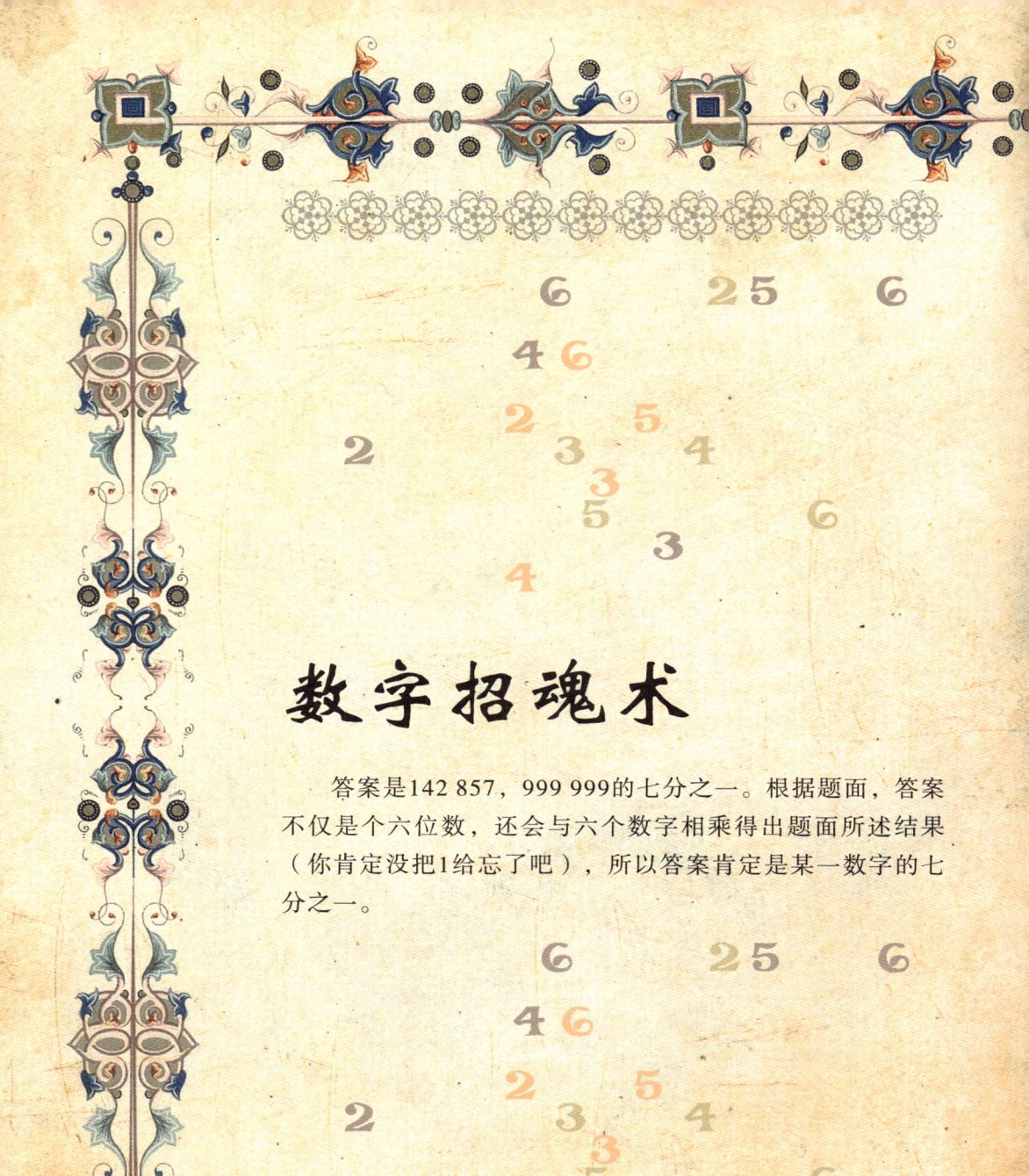

答案是142 857，999 999的七分之一。根据题面，答案不仅是个六位数，还会与六个数字相乘得出题面所述结果（你肯定没把1给忘了吧），所以答案肯定是某一数字的七分之一。

迷宫

从菱形的左下角出发，之后按顺序左转、右转、右转、左转，就可以走出迷宫了。

答案（棘手谜题）

纽伦堡

66。只要按照如下方法计算，就可以得出任何整点与午夜间如题面所述可以对调的位置数量：计算午夜与起始时间的差值，再减去1，然后将小于或等于答案的所有整数相加。

综上所述，如果要计算表面上所有可以对调的位置，就等于是计算从正午到午夜间可以对调的位置，即24−12 = 12，之后减1等于11，最后1+2+3+4+5+6+7+8+9+10+11 = 66。

答案（棘手谜题）

圣殿骑士的宝藏

长和宽各为100英寸，高度为11英寸。将金块平放，每层可以放下8×9块，共放11层，留下一个宽1英寸的空隙，此时箱中有792个金块，剩下的空间正好可以放下多出来的8块，长边向下放置即可。需要提醒大家的是，这样一箱金子重量超过38吨。

答案（棘手谜题）

酒桶

　　首先装满木桶，然后用木桶里的酒装满石罐。此时酒桶中还有7品脱的酒，木桶中有2品脱，石罐中有3品脱。搬运工首先将木桶中的酒一饮而尽，然后将石罐中的酒倒回木桶，再用酒桶中的酒装满石罐。此时，酒桶中有4品脱；木桶和石罐中各有3品脱，还有2品脱在搬运工的肚子里。箍桶匠将酒桶中的4品脱作为自己应得的分量，不甘落后于搬运工，开始拿着酒桶豪饮。马车夫用石罐装满了木桶，然后将石罐中剩余的1品脱喝光。最后，用装满酒的木桶装满石罐，将满满一罐3品脱的酒分给马车夫，而木桶中剩余的2品脱则是搬运工的份儿。

答案（棘手谜题）

囚犯

　　囚犯在攀爬7次后，到达了攀爬的最高点，也就是距地面4.43码的地方。由于他每次向上攀爬的距离都会缩小，所以在首次的2码后，之后的数次距离分别是1.8码、1.62码、1.46码、1.31码、1.18码和1.06码，到了第8次则只有0.96码，变得小于每次休息时下滑的距离，因此囚犯在第7次攀爬后到达了最高点，高度为1+0.8+0.62+0.46+0.31+0.18+1.06 = 4.43。

法国的大麻烦

11。
算式为856×11 = 9 416+54 163 = 63 579。

影子

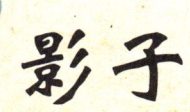

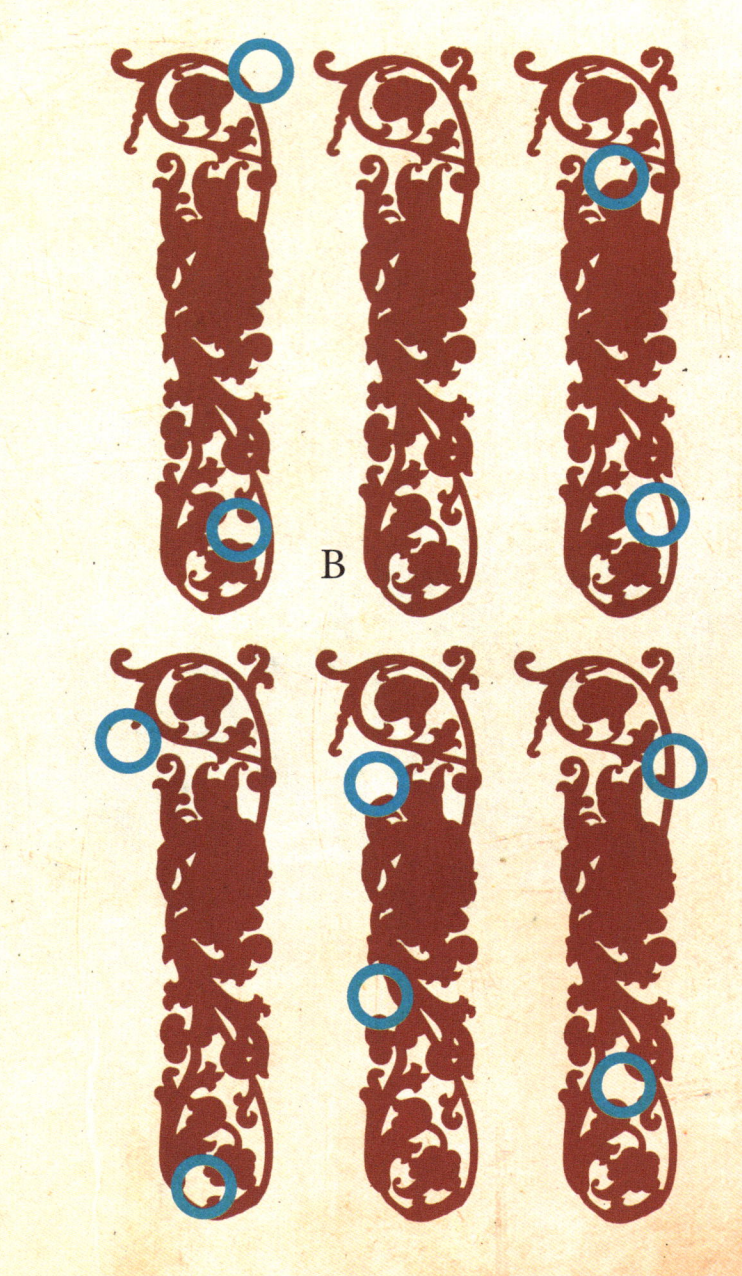

B

答案（棘手谜题）

古董交易

不应购买。如果事情看起来像是天上掉馅饼，那么其中多半都有猫腻。自从人类开始做买卖，就有人用题面中的方法行骗了：骗局中两个人合伙行骗，其中一人在购买了并不起眼的物品后，开始谈论其实物品是成双成对的，只要凑齐一对就会价值大增，然后另一个骗子就会把购买到的物品以远高于原先售价的价钱出售给原先的卖主，令其血本无归。对古董商来说，最佳的解决方法是提出在可能感兴趣的买家实际付钱后，与售卖第二件物品的人平分出售所得（根据本题的题面，为每个人各分得50枚德拉赫木银币）。如果情况属实，一对物品果真价值连城，那么所有人都会从中受益，但如果前来兜售第二件物品的人不同意此提议，那么整件事就不过是个骗局而已。

答案（棘手谜题）

弹球

9英尺。在相撞之前的瞬间，两个弹球在重力的作用下达到了相等的速度，均可设为x。较重的弹球在与地面接触后，会以-x的速度回弹，因此较轻的弹球与其相对速度为x-（-x）=2x，所以当两球相撞后，轻球与重球的相对速度就是-2x，因此与地面的相对速度就是-3x，即轻球上升的速度是下降速度的3倍。动能的计算方法为0.5×质量×速度的平方，所以无论在下落1英尺的过程中，轻球有多少重力势能转换成了动能，开始上升时都会有相当于原本势能9倍的动能，所以轻球上升的高度将会是下落高度的9倍。

如果要进行实验，就会发现上升的距离其实并没有那么高，原因是现实世界中既不存在具有完美弹性的弹球，也不会出现具有完美刚性的石板地面，但无论如何，上述结果还是会令人感到十分惊异。

答案（棘手谜题）

爱丽丝

爱丽丝现在16.5岁（汤姆是27.5岁）。

根据题面，有两个可以确定的年龄，即在题面描述中最早出现的汤姆现在的年龄（T）和在题面描述最后出现的爱丽丝过去那年的年龄（A）。由于题面也未交代汤姆比爱丽丝大了多少岁，所以可以将二人的年龄差设为x。

首先应当将题面复杂的描述简化为如下等式：T/2+x＝1/2×3×3×A，左右两边都乘2，就会得到T+2x=9A，即汤姆现在的年龄＋两人年龄差的二倍等于爱丽丝过去那年年龄的九倍。根据题面，在过去那年，汤姆的年龄是爱丽丝的三倍，所以两人的年龄差永远都是爱丽丝那年年龄的两倍，即x＝2A。将此结果带入等式，就可得到T＋4A＝9A，即T＝5A，所以汤姆现在的年龄是其年龄是爱丽丝年龄三倍那年爱丽丝年龄的五倍，考虑到两人的年龄差是2A，所以爱丽丝现在的年龄是5A－2A＝3A。综上所述，两人现在的年龄比是5∶3，由于两人的年龄和是44，所以5A＋3A＝44，由此得出A＝44/8＝5.5，即过去那年爱丽丝的年龄是5.5岁。因此最后的答案是汤姆现在的年龄T为5.5×5＝27.5，而爱丽丝现在的年龄则是5.5×3＝16.5。

答案（棘手谜题）

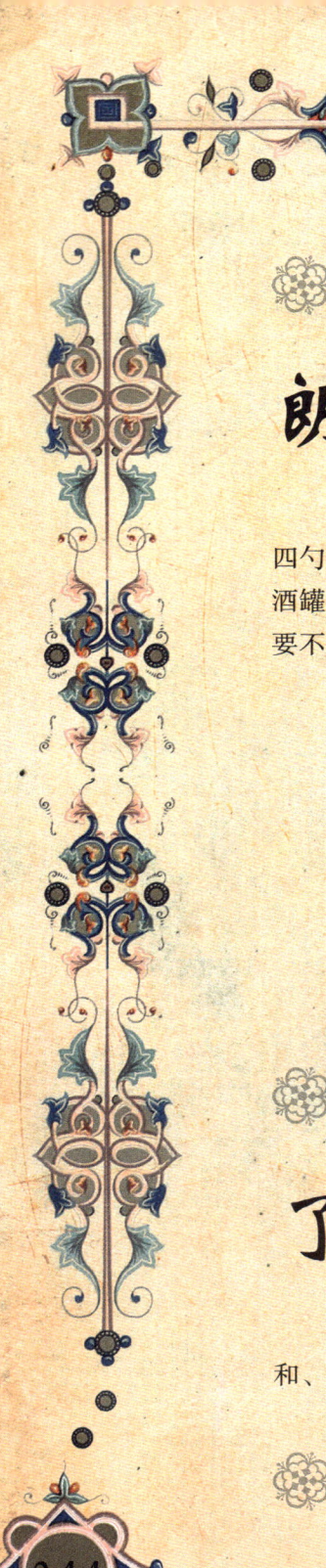

朗姆酒生意

没有差别。因为比尔各从朗姆酒和葡萄酒的酒罐中舀出了四勺酒,所以两个酒罐中混入的异种酒体积相等,结果是朗姆酒罐中多出了多少葡萄酒,葡萄酒罐中就多出了多少朗姆酒,要不然两个酒罐中酒的体积就会出现差异。

了不得的图案

27。从顶端开始,按照顺时针方向将相对的数字分别求和、相乘、相减,就可以得到答案。

答案(棘手谜题)

交叉线

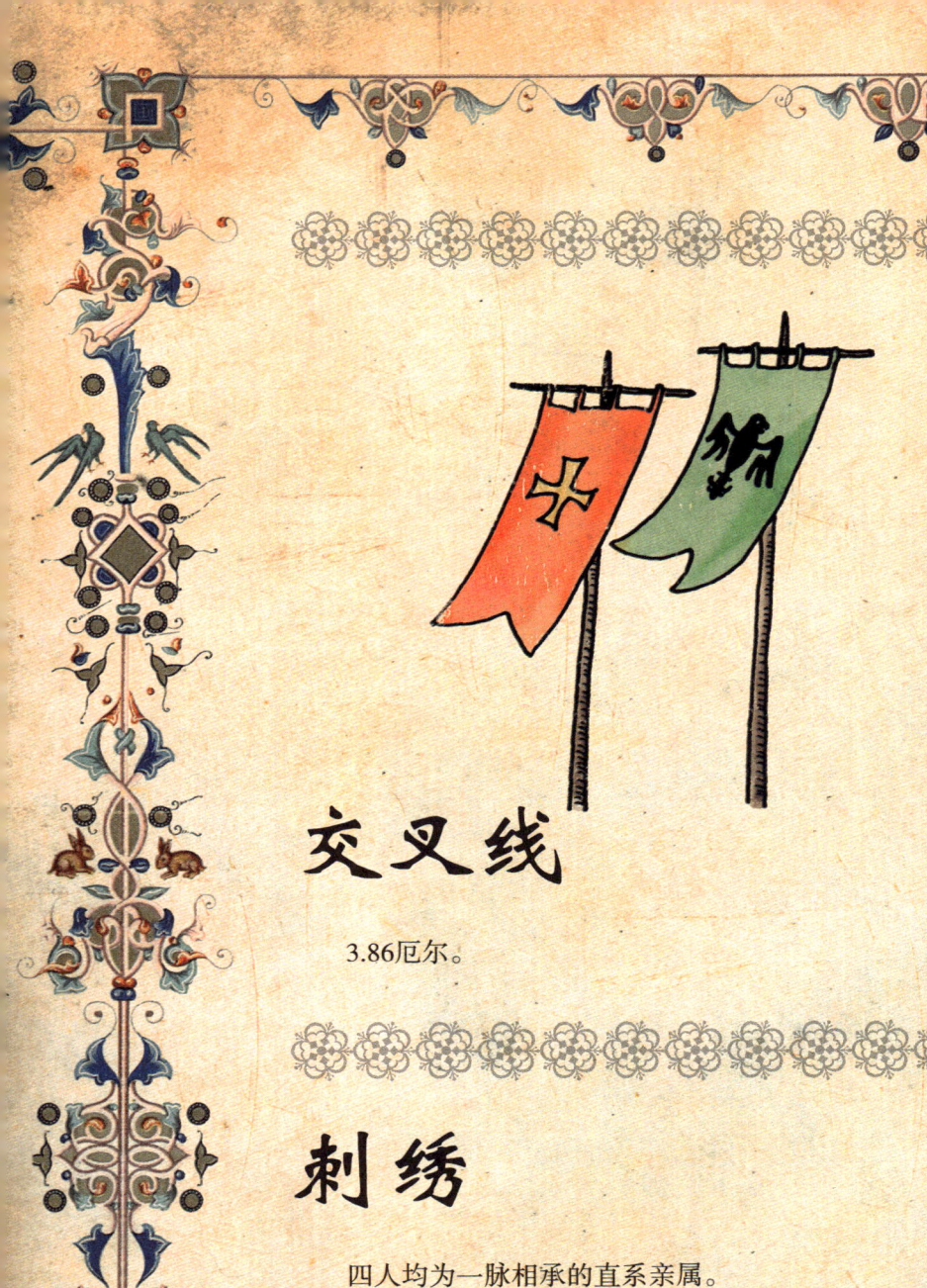

3.86厄尔。

刺绣

四人均为一脉相承的直系亲属。
乔治娜是昂娜的母亲。
昂娜是埃琳娜的母亲。
埃琳娜是安娜的母亲。

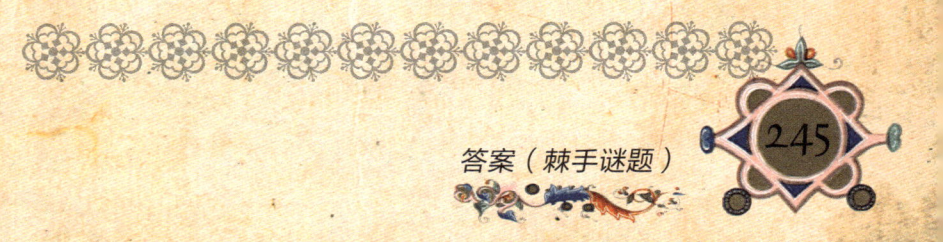

到时间了

6:28（过了几秒）。可将题面的描述进行分解：3x+55 = 150，所以3x = 95，即x = 31.66。因此时间是差一点不到32分钟到晚上7点。

百年战争

AFF。将每块石板上的12个数字加起来，得到的结果分别是62、71和55，与石板右侧的字母一一对应，其中A=0、B = 1、C=2，所以第三块石板的结果55就会转换成AFF。

兔子快跑

男子是为了逃离紧追不舍的暴徒才爬进监狱的。

答案（棘手谜题）

玫瑰之谜

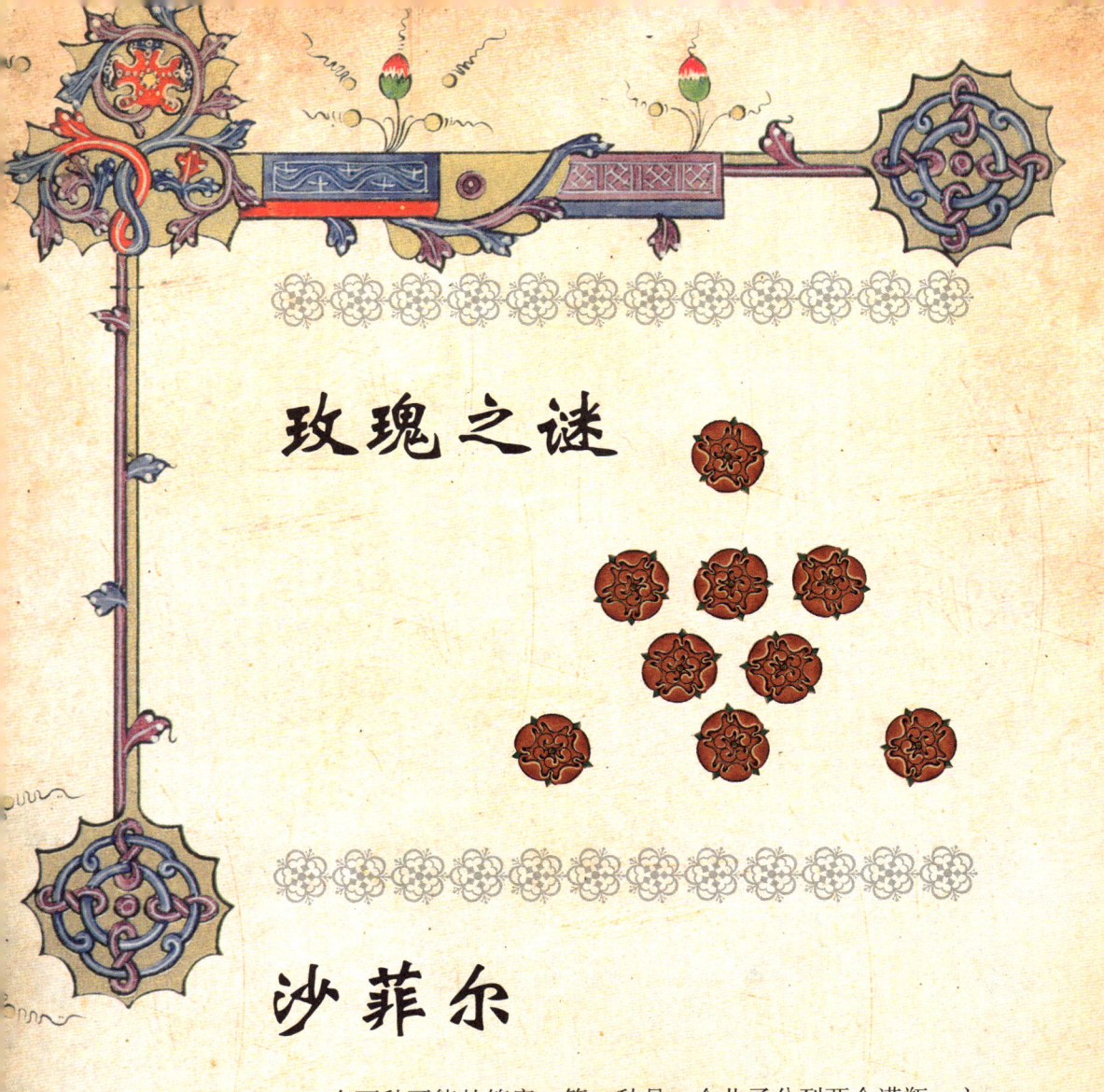

沙菲尔

  有两种可能的答案。第一种是一个儿子分到两个满瓶、六个半瓶和两个空瓶，两个儿子分到四个满瓶、两个半瓶和四个空瓶；另一种则是一个儿子分得四个满瓶、两个半瓶和四个空瓶，两个儿子分到三个满瓶、四个半瓶和三个空瓶。

  无论采用何种方法，每个人分得的满瓶数量都与空瓶相等，并且有两个人分得的遗产完全相同。

答案（棘手谜题）

在路上

现在有72厘米深,而在完成后,则有144厘米深。将坑目前的深度设为x,那么农夫的脑袋距地面的距离就是(180–x)英尺,而当完成后,脑袋距地面的距离就将会是目前在地面之上距离的两倍,所以(180–3x)= –2(180–x)。将等式右侧展开后,就可以得到180–3x = –360+2x,移项后得到540 = 5x,所以x = 108厘米,其三倍为324厘米。农夫的脑袋目前距地面之上为(180–108)=72厘米,在完成之后距地面是(324–180)=144厘米。

称重

☉ = 1; ☽ = 11; ♀ = 9; ♀ = 8。

马尔莫一家

1.75岁、3.5岁、5.25岁、10.5岁和21岁。题面没有提供诺瑞娜的年龄,所以可以将其设为n,那么比亚吉诺的年龄就是2n,而由于爱蜜妮亚的年龄 + 诺瑞娜的年龄 = 2×比亚吉诺的年龄,所以爱蜜妮亚是3n。当把萨尔瓦多计算在内时,男孩年龄的总和就是8n,所以萨尔瓦多的年龄就是6n。综上所述,路易莎的年龄肯定是2×8n–3n–n,即12n。路易莎的年龄是已知的21岁,所以n = 1.75岁。

答案(棘手谜题)

分秒必争

在表面时间是8点43分38秒时。除去12点的情况，只有分针在运行的过程中追上时针时，两枚指针才会重合。表面上共有12小时的时间，所以时针走一圈，分针就会走12圈，但由于发生第一次重合前经历的时间多于一个小时，所以在时间再次变为12点时，两个指针只重合了11次，此外两次重合间的间隔时间还都相等。

综上所述，两枚指针每过12/11小时就会重合一次，即每1小时5分钟27.272秒。因此，只需将此时间乘以8，就可以得到晚上8点后发生重合的时间，即8点43分38秒。说句题外话，按照表面上指针的运行方式，如果表盘上有秒针的话，那么三枚指针就只会在12点时重合。

答案（棘手谜题）

卡恩

　　实际上答案还是相对比较简单的。只要将生鸡蛋浸在醋中，一夜的时间，蛋壳就会软化，变得如橡胶一样具有弹性，然后只要在瓶中点燃一小片纸，就可以耗尽其中的氧气，利用气压的差别将变软的鸡蛋压入瓶口。在鸡蛋入瓶之后，只要用冷水反复冲洗瓶子内部，既可以冲走燃烧留下的灰烬，又可以令鸡蛋壳恢复原状。

孤注一掷

　　如果两人在比赛中都技艺精湛，不出任何差错，那么取胜的唯一途径就是采取与对手一模一样的行动。不管桌子有多大，也不管木棍的大小如何，只要两人都没有出现任何差错，那么无论选手A如何行动，选手B都可以采取完全一样的行动。

　　综上所述，后面的选手反倒会在对决中占到先机。但是，有一招却是不能被模仿的，即将木棍插向桌子的正中央。一旦选手A用了这招，选手B就必须选择不同的插入点，为选手A提供了模仿的机会，使其占得后手先机。

答案（棘手谜题）

指出不同之处

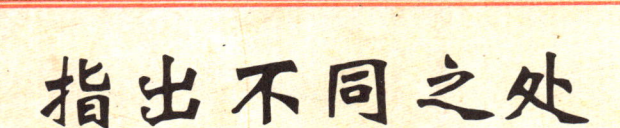

答案（棘手谜题）

251

谁动了我的心脏

犯了心脏病的不是贵族小姐，而是给她看病的医生。

巡逻的骑士

两人相遇了两次，第一次在第三天的正午，地点是距基地23英里的地方；第二次在第四天结束巡逻时，地点是距基地34英里的地方。两人在第一天巡逻的总距离分别是0+10=10英里和14+2=16英里；第二天为19英里和20英里；第三天为27英里和26英里，此时布莱斯超过了理查德；第四天为34英里和34英里，此时理查德又重新追上了布莱斯；第五天为40英里和44英里；第六天为45英里和56英里；第七天为49英里和70英里。

成捆的芦笋

蒂娜吃亏了。直径为10英寸的一捆芦笋横截面有78.5平方英寸（5×5×3.14），而直径为5英寸的一捆芦笋横截面却只有19.6平方英寸，仅相当于前者的四分之一。吉亚尼应当给蒂娜四捆芦笋，而不是两捆。

答案（棘手谜题）

三方桥

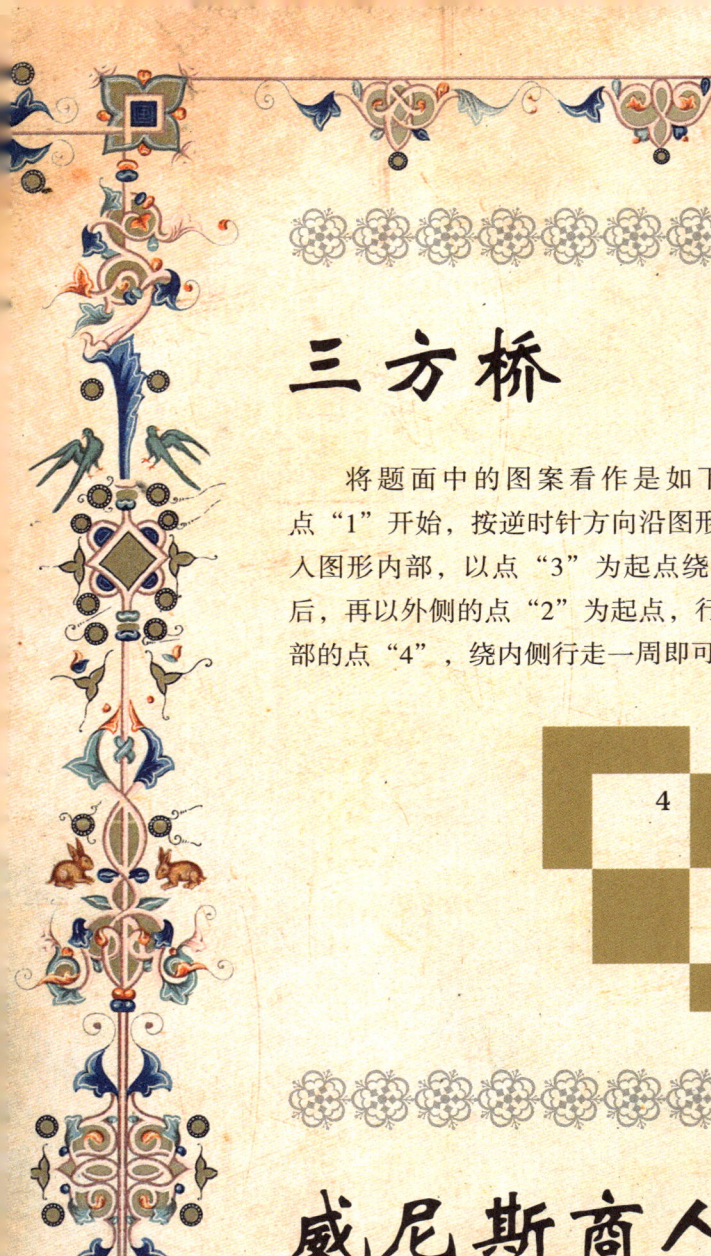

将题面中的图案看作是如下所示的一系列图形，从点"1"开始，按逆时针方向沿图形的外侧走向点"2"，在进入图形内部，以点"3"为起点绕内侧行走一周返回点"3"后，再以外侧的点"2"为起点，行走至点"1"，最后进入内部的点"4"，绕内侧行走一周即可走完全部路程。

威尼斯商人

商人经营的是计时工具，其中既有不含任何移动部件的日晷，又有机械钟表，还有计时用的沙漏，含有数以百万计的沙粒，但无论哪一种类，体积却都既可以很小，也可以很大。当然了，生活在现代的人还可以使用电子钟，但显而易见地，电子钟也符合题面的描述，虽然这类物件会与题面中世纪的风格显得格格不入……

答案（棘手谜题）

人丁兴旺

约翰逊家有七个小孩，三男四女，而威尔逊家则只有五个小孩，两男三女。威尔·约翰逊有两个兄弟和四个姐妹，而其妹玛丽则兄弟数与姐妹数相同。约翰·威尔逊有一个兄弟和三个姐妹，而其妹芭芭拉则兄弟数与姐妹数相同。

答案（棘手谜题）

身陷囹圄的王后

　　王后能够与儿女一起携带财宝逃走，但想要令所有人都安全落地，就必须要往返数次：（1）将箱子放入桶内，令其下落至地面；（2）将儿子放入桶内，令其在下落至地面的过程中将箱子带至窗口；（3）拿出箱子，让女儿进入桶内，换回地上的儿子；（4）让儿子回到屋内，将箱子放入桶内，让地面上的女儿从桶中出来，令箱子下落至地面；（5）让地面上的女儿进入桶内，与箱子待在一起，王后进入桶内，换回地面的女儿和箱子；（6）让女儿回到屋内，留下箱子，换回地面的空桶；（7）重复（2）、（3）、（4）步，此时王后和女儿在地上，箱子在木桶中，而儿子则在屋中；（8）让儿子进入桶中，换回地面的箱子；（9）儿子在到达地面后，跨出木桶与家人团聚，让箱子下落至地面。

答案（棘手谜题）

重量平衡

6。（2×10）+（7×8）=（8×2）+（10×x）。所以 10x+16 = 76，即 x = 6。7英担的重物位于支点的正下方，因此可以忽略不计。

答案（棘手谜题）

数炮弹

4 564。最有效的堆放方式是错开排放，将炮弹成层重叠堆放。两层错开排放的炮弹占据的是3.46英寸，而不是4英寸，因为在六边形的架构ABAB中，两个A排间的距离为炮弹的直径D×（sin（120）/sin（30）），即2×1.732＝3.464。因此，在22.8英寸的空间中可以放入13排，而由于宽度是14英寸，所以每排最多有7枚炮弹。所以说，每层最多有85枚炮弹，共分为13排，一排7枚，一排6枚，如此交替往复。

在这样一层上可以堆放一层12排的炮弹，同样也是7枚和6枚交替往复，即共78枚炮弹。箱子中总共能够堆放14层，85枚一层的和78枚一层的分别各有7层，即每箱1 141枚，所以四箱总共就是4 564枚。

答案

（高手谜题）

逃窜的公鸡

能逮到。奥托会在55秒后追上比利,此时奥托跑了大约968英尺。

情侣

两人的年龄分别是29.4岁和19.6岁。当男子(2x)岁时,女子x岁。女子现在是(2x)岁,所以说时间过去了x年,即男子现在是(3x)岁。因此,两人年龄的总和是(5x),所以 x = 49 ÷ 5 = 9.8。最终的结果即女子的年龄为(2x)= 19.6岁,男子的年龄为(3x)= 29.4岁。

答案(高手谜题)

种玫瑰

答案是肯定的，排列方式如下：

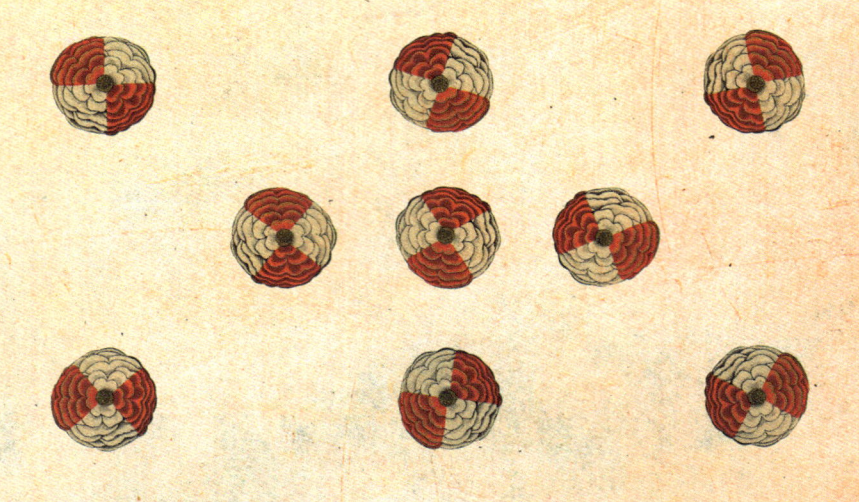

如图所示：横向共有三排玫瑰，纵向有一列玫瑰；此外，无论是选取顶上的一排，还是选取底下的一排，只要以一端的玫瑰为起点，就可以得到两行玫瑰，一行中另外两朵为中间一排靠近起始点的那朵和相对排的中间一朵，另一行中的另外两朵是中间一行的中间一朵和与起始点呈对角线的那朵。最后，无论是选取顶上一排，还是底下一排，中间一朵都会分别与相对排两端的两朵经由中间排两端的两朵形成两行玫瑰。

最终的结果便是3+1+2+2+2 = 10列。

答案（高手谜题）

披巾之争

　　荷黛丝是最优秀的织工。在编织速度方面，荷黛丝：塞利梅＝5：2，荷黛丝：艾苏尔＝3：4。由于在上述比较中荷黛丝被作为标准，所以取最小公倍数，将荷黛丝在两次比较中的数值定为15，即15：6、15：20。因此，在速度方面三人由快到慢的顺序分别是艾苏尔：荷黛丝：塞利梅＝20：15：6。

　　剩下的两个标准也可以用上述方法进行比较。在轻柔方面，艾苏尔以5：1领先于荷黛丝，但却以3：5落后于塞利梅，如果按照比较速度时的顺序，将艾苏尔的数值定为15，那么三人的比较结果就是15：3：25。

　　在保暖性方面，塞利梅是艾苏尔的四倍，而荷黛丝则是塞利梅的三倍，那么按照相同的顺序，将塞利梅定为15，那么三人的比较结果就是3.75：60：15。

　　将上述三组比例相加，艾苏尔的数值就是38.75，荷黛丝是78，而塞利梅的则是46。

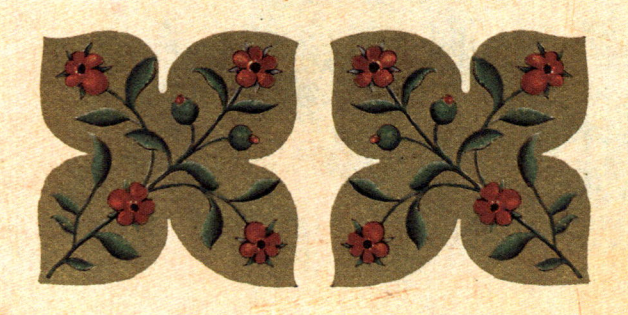

答案（高手谜题）

总督的彩方

30。方块上总有一面会被涂上颜色"a",因此可以用"a"面作为比较的基准点,让其永远面对观察者,此时与"a"面相对的"b"面就会有5种可能的颜色。在去掉"a"面和"b"面后,就可以将方块看成一个四面的柱体,那么与设定"a"面时相同,柱体上的一面肯定会被涂上颜色"c",因此可以认为"c"面永远向上,所以会发生变化的就只剩其他三个表面。

向三个表面涂三种颜色有六种涂法($3 \times 2 \times 1 = 6$),由于"b"面的颜色有5种可能性,在每种中c-f的可能性为6种,所以最终可能出现的情况就是$5 \times 6 = 30$种。

曲径花园

如果将向外延伸的圆圈看作数字8,从起点处向下行走直至内圈,然后走向邻近的"8"字形,在走到顶端后沿另一边回到内圈,按同样的方法走完所有的"8"字形,就会回到第一个"8"字形与内圈的交会点,只需走完未走的一半就可以回到起点。

答案(高手谜题)

马车夫

　　两人都遇到了19架。向西行驶的马车用时120分钟，而向东行驶的马车则用时180分钟，由于不管行驶方向如何，行驶距离都是相同的，所以为了方便比较，可以将距离设为两个时间的最小公倍数360，即将全程分为360份。无论每份路程有多长，向西行驶的马车每分钟都会走3份，相邻马车间的距离为45份，向东行驶的马车每分钟都会走2份，相邻马车间的距离为30份。

　　由于两人的马车都按时刻表正常运行，所以无论行驶方向如何，从对面驶来的马车的距离都相当于15分钟的车程，所以对向西行驶的马车来说，两车相距30份，对向东行驶的马车来说，两车则相距45份。由于向西行驶的马车每走3份，从对面驶来的马车就会走2份，所以两车相遇时向西行驶的马车走了30份路程的五分之三，即18份。

　　对向东行驶的马车来说，速度与对面驶来马车的比例为2∶3，即会在行驶了相隔距离的五分之二时相遇，考虑到两车相距45份，相遇时向东行驶的马车也行驶了18份。综上所述，两人每次遇到对面行驶而来的马车时，行驶的距离都是相等的，按照总距离为360份、每行驶18份就会相遇一次计算，每个人都会遇到20架马车，但两人最后一次遇到从对面驶来的马车时是两人在车站重新相遇的时候，所以不应计算在内。

答案（高手谜题）

填空

3×1, 2×2, 3×3, 1×47, 1×5。由于题面中一共有5个空和5个已有数字，所以5个空中的数字之和肯定是10。先随便填写一个答案，然后计算由此得到的题面实际情况，不断变换填入的答案，直至得到正确的结果。

举例来说，向所有5个空中都填入1，就会令题面中出现6个1的同时，其他几个数字均出现一次，从而得到一个明显错误的答案，但以此为依据，可以试着填入6、1、1、1、1。虽然这一答案仍然是错误的，但却离正确答案近了一步，可以据此填入5、1、1、1、1。以此类推，之后的答案就分别是5、1、1、1、2，4、2、1、1、2，3、3、1、2、1，最后就可以得到正确的3、2、3、1、1。

万年历

答案是否定的。如果概率是七分之一，那么由于一年是365天，就应当是365/2 555，但因为一年有52个星期零一天，所以任意一天为一星期中给定日的概率不是364/2 555，就是371/2 555，到底是哪一种比例的决定因素是年份中零出来的那一天是星期几。

想要算出一个准确的概率，就必须找出一个年数，其中的总天数可以被7整除，但此时由于闰年的存在，除了在世纪之交的那一年，每4年就会多出一天，问题就变得更为复杂了。根据闰年规则，一个世纪有36 524天，相当于5 217个星期零5天。

每过400年就会出现世纪闰年，所以400年中就有146 097天，相当于20 871个星期，终于变得一天都没有多出来。综上所述，只有在400年的时间中，任意一天是一星期中给定日的概率才正好是七分之一，任何比例更小的时间单位都不能算出每天的准确概率，需要根据实际情况判断。

答案（高手谜题）

配对

D

F

答案（高手谜题）

托莱多

应当是1。分别求得庭院上方两个数字和下方两个数字的积,然后求得前者与后者的差。

16 × 9 = 144;13 × 11 = 143;144−143 = 1。

数学神话

73。

里斯

　　由于塌方，里斯被困到了地下的狭小空间中，于两天后死亡。

摆弄筹码

　　随机选一个口袋的概率更高。如果分别计算两个口袋的概率，那么第一个口袋中的筹码是白色的概率是2/3，而从第二个口袋中摸出白色筹码的概率则是1/3。由于通过抛硬币选择口袋，选中任意口袋的概率都是50%，所以加上选择口袋的过程，摸到白色筹码的概率就变成了1/2。

　　如果把所有的筹码都倒到一个口袋里，那么口袋中就有2/3的概率是WWBB，有1/3的概率是WBBB。如果口袋中是WWBB，那么摸到白色筹码的概率就是1/2，但如果口袋中是WBBB，概率就只有1/4。综上所述，在一个口袋中摸出白色筹码的概率就是2/3×1/2+1/3×1/4 = 5/12，即概率为5/12。

答案（高手谜题）

纵横图

22	47	16	**41**	10	35	4
5	23	48	**17**	42	11	29
30	6	24	**49**	18	36	12
13	**31**	**7**	**25**	**43**	**19**	**37**
38	14	32	**1**	26	44	20
21	39	8	**33**	2	27	45
46	15	40	**9**	34	3	28

答案（高手谜题）

棋逢对手

　　斯诺瑞拿走8枚，罗格那拿走1枚。最为公平的方法就是计算出在当前赛况下，双方各有多大的概率赢得比赛，以此为依据分配奖金。按照赛程安排，最多还要进行5场比赛，结果不是斯诺瑞至少要取得其中2场的胜利，就是罗格那至少要取得4场胜利。

　　5场比赛总共会出现32种结果，根据胜负情况不同出现各种变化，既有斯诺瑞全胜的SSSSS，又有罗格那全赢的RRRRR，但其中只有6种为罗格那取得至少4场胜利的情况，所以说罗格那取得最后胜利的概率是3/16，而斯诺瑞的概率则是13/16。以此为依据，罗格那应当拿走18.75%的奖金，而斯诺瑞则应当拿走81.25%的奖金。

答案（高手谜题）

箱子

如果将箱子顶部的面积与侧面的面积相乘，然后再除以一端的面积，就会得出长的平方。120 × 96/80 = 144，即长为12英寸。以此为依据，就不难计算出宽为120/12 = 10英寸，高为80/10 = 8英寸。

答案（高手谜题）

毛巾

　　爱德华将毛巾放到了一扇门的下边，令毛巾两端分别位于门的两侧。

答案（高手谜题）

配对

F

272

答案（高手谜题）

历史的迷雾

383。

算式为 647 × 383 = 247 801 + 592 395 = 840 196。

灯油危机

迪特尔获得11铜币，尼尔斯获得2铜币。

尼尔斯本来有5品脱灯油，分完后有 $4\frac{1}{3}$ 品脱，等于给出了 $\frac{2}{3}$ 品脱，而迪特尔一开始则有8品脱，所以最后给出了 $3\frac{2}{3}$ 品脱。去掉分母3后，就不难看出两人给出的灯油的比例是11∶2，所以应当按照此比例分配铜币。

多明我会的修士

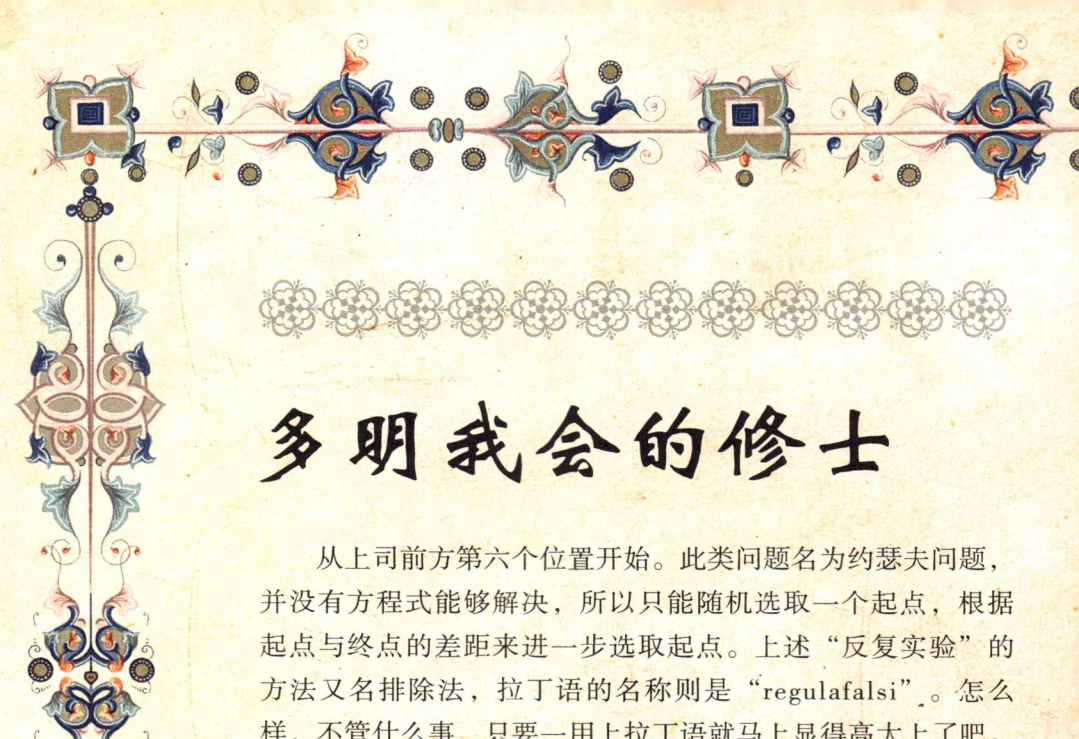

从上司前方第六个位置开始。此类问题名为约瑟夫问题，并没有方程式能够解决，所以只能随机选取一个起点，根据起点与终点的差距来进一步选取起点。上述"反复实验"的方法又名排除法，拉丁语的名称则是"regulafalsi"。怎么样，不管什么事，只要一用上拉丁语就马上显得高大上了吧。

答案（高手谜题）

鲁伯特正方形

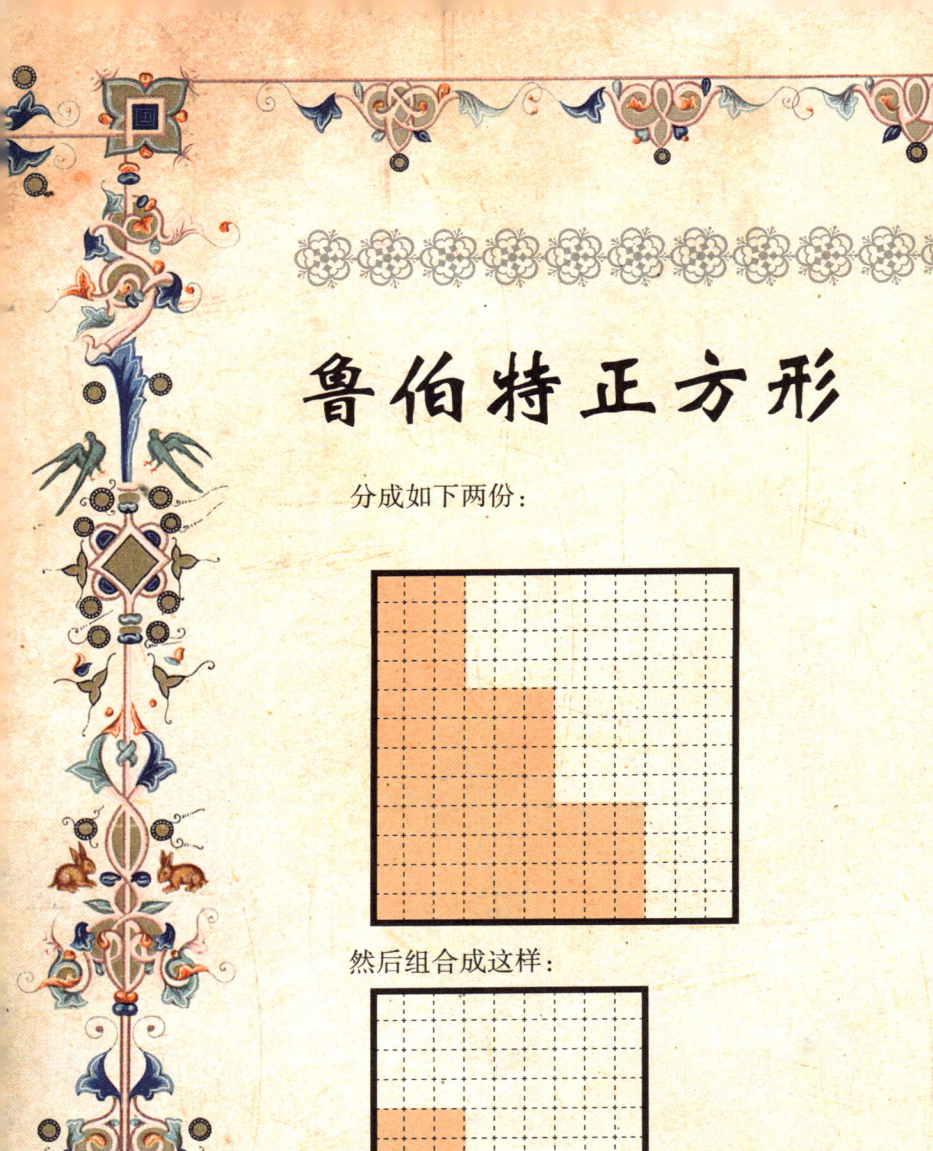

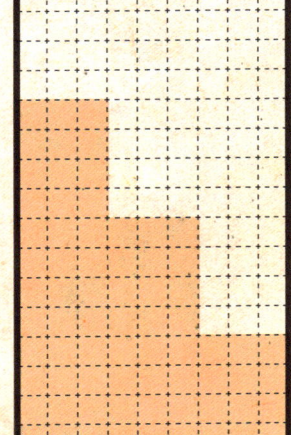

分成如下两份：

然后组合成这样：

阿尔哈萨德

穆尼尔。如果五人中一定有凶手,那么撒谎的就只可能是哈姆扎和阿利姆。

学以致用

$79 + 5\frac{1}{3} = 84\frac{2}{6}$

稀奇古怪

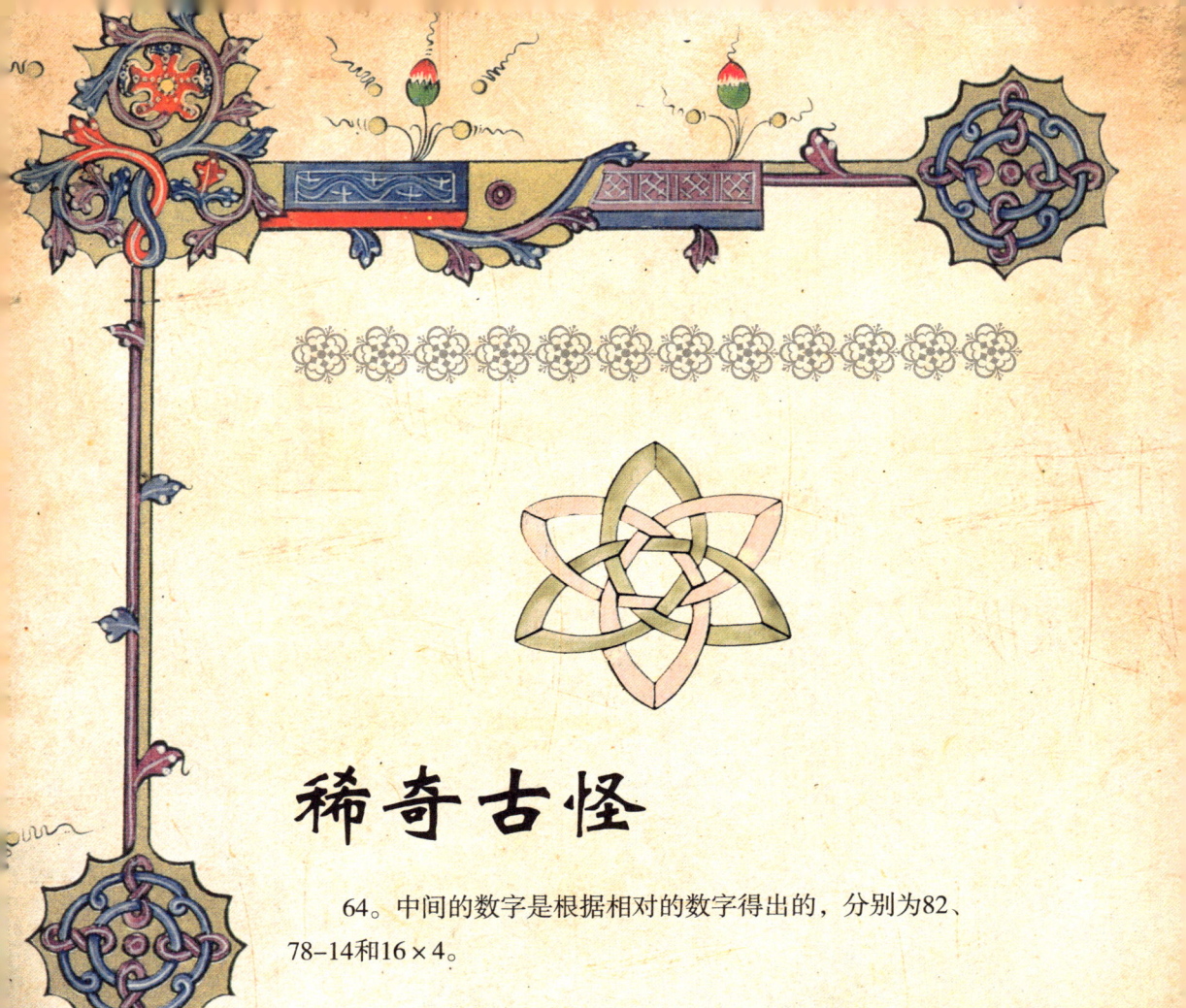

64。中间的数字是根据相对的数字得出的,分别为82、78-14和16×4。

布莱克·罗伯

拴着坎贝尔的木桩位于距门口15英尺的地方,所以罗伯哪怕再靠近一点也会被狗咬伤。

色子

一个人选5和9，另一个人则选13和15。掷三个色子会出现216种不同的结果，其中有5种色子上数字的和是5，25种是9，21种是13，10种是15。

6+25 = 10+21 = 31，即每一次都有31/216≈1/7的概率获得胜利。

数学家石匠

每一列中头两个数字相乘的积与第三个数字相等。

★★★
★★★

答案（高手谜题）

指出不同之处

答案（高手谜题）

行家里手

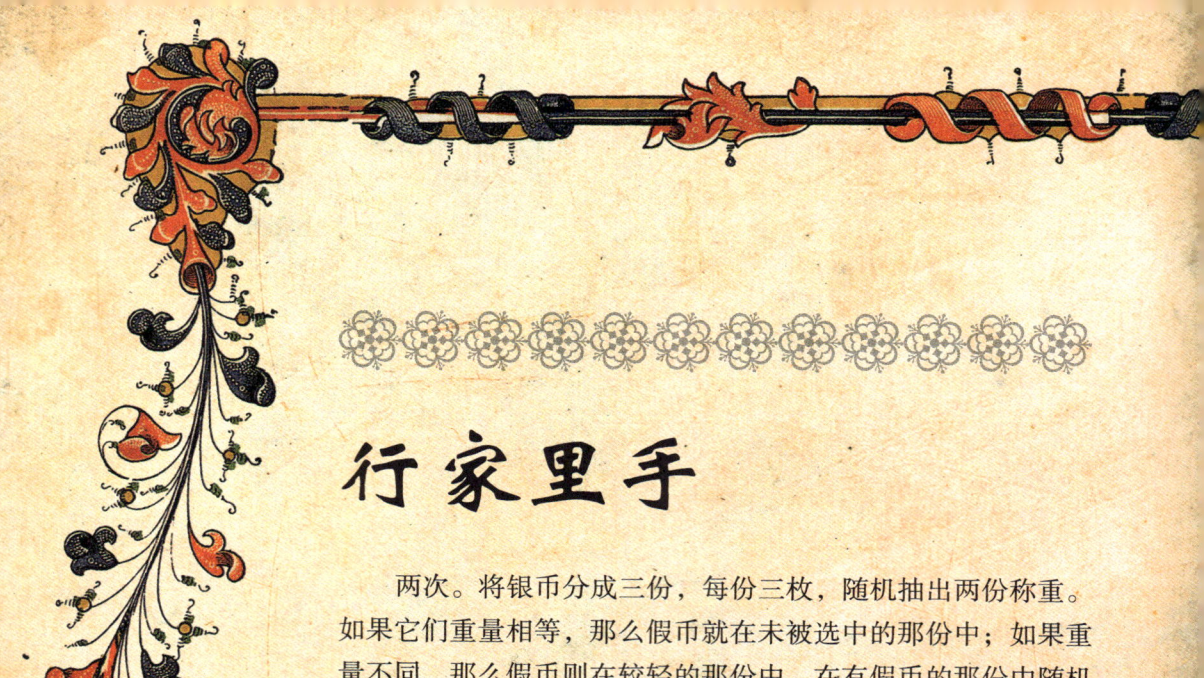

两次。将银币分成三份，每份三枚，随机抽出两份称重。如果它们重量相等，那么假币就在未被选中的那份中；如果重量不同，那么假币则在较轻的那份中。在有假币的那份中随机选出两枚如法炮制，较轻的那枚是假币，如果重量相等，假币就是未称重的那枚。

分面包

9.167 块面包。想要得到本题的答案，最简单的方法就是运用排除法（见那面名为"多明我会的修士"的谜题），通过反复实验来缩小与正确答案的差距。

首先将减少量设定为 10 块面包，将最少的那份定为 1 块，那面包的总量就是 105 块，也就是说在保证职位最低的那位厨师至少获得 1 块面包的前提下，10 块的减少量太大了。如果将最少的一份定为 2 块，9 块的减少量就正好可以让面包总量等于 100，但此时（2+11）×7=91，与 20+29+38=87 不相等。如果将最少的一份设为 1.6，将减少量设为 9.2，那么虽然面包总量是 100，但此时（1.6×10.8）×7=86.8，与 20+29.2+38.4=87.6 不相等。上一次尝试令结果更接近答案的要求，而更重要的则是，变差从低职位的一端转移到了高职位的一端。当减少量是 9 块时，低职位的两位厨师获得面包的七倍比高职位的三位多出了 4 块；当减少量是 9.2 时，高职位的则多出了 0.8 块。差值的比例是 4∶0.8 = 5∶1，所以会落在 9 到 9.2 之间的 $\frac{5}{6}$ 处。由于 $\frac{1}{5}$ 的 $\frac{5}{6}$ 是 $\frac{1}{6}$，答案就应当是 $9\frac{1}{6}$，即 9.167。同理，最小的一份应当落在 2 至 1.6 之间的 $\frac{5}{6}$ 处，即 1.667，所以其他的 4 份就分别是 10.833、20、29.167 和 38.333。

流浪儿

9.6岁。将复杂的文字描述用方程表示，其中的x为男孩的年龄。

（D-x）=（T-x）/4。D=G/3。x=T/4。（x+4）=（G+4）/4。

利用乘法去掉等式两边的分母，然后移项，将一个单一数值留在等式的右方，即可得：4D-3x=T、4x=T、3D=G、4x+12=G。合并等式，就可以得到3D=4x+12、4D=7x。再次合并，就可得到21x=16x+48。利用同样的方法，还可以计算出黛西16.8岁、托尼38.4岁、盖理50.4岁。

答案（高手谜题）

计重秤

♂ = 1；

☉ = 2；

♀ = 3；

☿ = 4；

♃ = 6；

☽ = 8。

答案（高手谜题）

多金

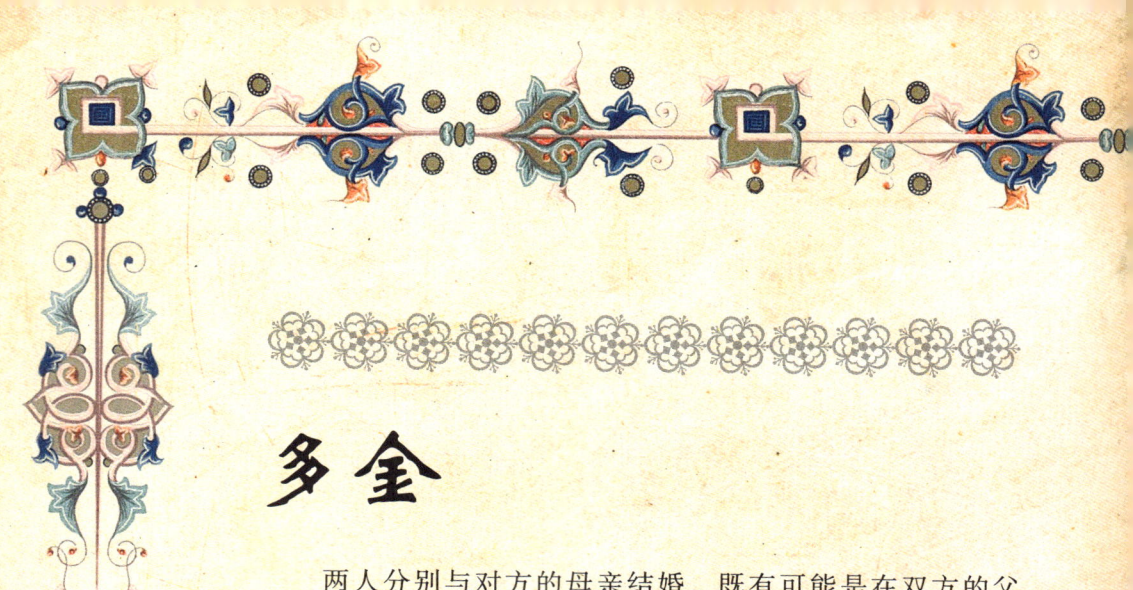

　　两人分别与对方的母亲结婚，既有可能是在双方的父亲都故去后，又有可能是因为双方的父亲都神秘失踪了。托拜厄斯和哈里在婚后分别与妻子生育了儿子，那么两家的男孩就既是对方的叔叔，又是对方的侄子，并且还是对方父亲同母异父的兄弟（此外，一方的母亲还是另一方的祖母）。

答案（高手谜题）

走兽

16、10和6个芬尼。以半芬尼为单位表示题面信息，即可得：a+（b+c）/2=24、b+2（a+c）/3＝24.666、3（a+b）/4+c＝25.5。利用乘法去掉等式中的分母，得到2a+b+c＝48、2a+3b+2c＝74、3a+3b+4c＝102，即一组含三个等式的联立方程。利用第一个等式得出以a和b表示的c，将其代入后两个方程，可得2a−b＝22、5a+b＝90，以处理c的方法处理a，可得110+7b＝180，即b＝10。因此，a和c的数值就分别是16和6。

三联画

☉ = 27； ☽ = 31； ☿ = 29； ♀ = 35； ♂ = 37。

地下室

欧内斯托将一根灯芯的两端点燃，而另一根则只点燃一端，并确保两根灯芯互不接触。当两端点燃的那根燃尽时，时间正好过去了30分钟，所以只需将第二根的另一端点燃，其燃尽的时间就会正好是15分钟。

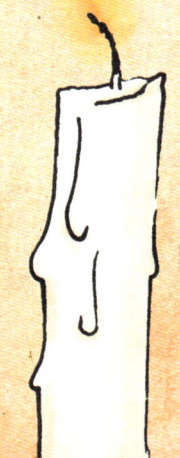

答案（高手谜题）

巴拉斯

只有两组每组4个的数字既满足和为100，又满足较小三个数字平方的和与较大数字的平方相等，它们分别是39、34、14、13和42、40、10、8。根据题面提供的信息，前一组是克劳夫一家的年龄，而后一组则是奥尔索普一家的年龄。

谨慎的多尔多涅人

☉ = 28；☽ = 12；☿ = 17；♀ = 35。